LE DICTIONNAIRE DE MA VIE

Eddy Mitchell

LE DICTIONNAIRE DE MA VIE

Réalisé avec Eddy Moine

KERO

Collection dirigée par Christian de Villeneuve

KERO
une marque
CALMANN LÉVY

COUVERTURE
Maquette : olo.éditions
Photographie : © Rudy Waks / modds

ISBN : 978-2-36658-403-5

— Écrire —

Écrire n'est pas une chose facile, mais écrire sur soi n'est vraiment pas une évidence à moins d'avoir une haute opinion de soi-même. Par contre devoir écrire sur la personne qui doit écrire sur vous s'avère être beaucoup plus simple surtout quand le scribe en question est votre propre fils. C'est peut-être pour cela que j'ai répondu aisément à ces questions ô combien malicieuses. Gloire à Eddy Jr dont la plume n'a d'égale que sa véritable gentillesse. Grâce lui soit rendue. AMEN.

Un père gâté —

A

Autodidacte

« L'autodidacte que je suis
éprouve une grande méfiance envers
les intellos, les fonctionnaires, l'armée… »

Je n'ai pas su faire autrement. J'ai quitté l'école à 13 ans et demi. À l'époque, il suffisait d'avoir son certificat d'études pour pouvoir entrer dans la vie active. J'ai réussi cet examen me permettant d'abandonner la scolarité, qui me gonflait grave. Car, avouons-le, je n'étais pas spécialement attiré par notre belle Éducation nationale. Je suis donc devenu autodidacte, avec, bien sûr, des lacunes. En langues, surtout. Quoique ayant vécu mes premières années sous l'Occupation, je n'ai rien appris de l'allemand, j'étais trop jeune. Sans regret. Malgré un beau-frère italien, là encore j'approchais le niveau zéro. Et si j'adorais les chansons américaines, je n'y comprenais rien et ne développais aucun don pour la langue de Shakespeare. Même si je me faisais traduire ou tentais seul d'interpréter ces paroles, mon anglais restait très primaire.

Être autodidacte apporte aussi des choses formidables. On peut se laisser porter au gré du vent, vers les univers qui vous attirent, sans besoin de qui que ce soit pour vous orienter. C'est ce qui s'est passé pour moi avec la littérature. J'ai eu un père à tendance autodidacte lui aussi, qui lisait énormément. Si, dans mon foyer, on n'avait pas les moyens d'acheter des livres, on avait cependant la chance d'avoir dans la famille un cousin qui travaillait chez Gallimard : une fois par semaine, le paternel allait chez l'éditeur et revenait avec un sac à dos d'invendus, de bouquins avec des défauts de fabrication (genre une page imprimée à l'envers). C'était donc un méli-mélo pas possible à disposition, allant d'André Gide à Peter Cheyney. Je me souviens des jaquettes des polars de ce dernier : l'une montrait un type avec un fume-cigarette et, dans la fumée, une pin-up. Il n'y avait pas ça chez Gide. Mon choix était fait.

Autodidacte, ce n'est pas si grave que ça. Ce n'est pas un défaut, c'est juste qu'on n'écoute pas vraiment les autres, sauf quand il y a quelque chose d'intéressant à apprendre ou un sujet qui retient notre attention. L'autodidacte que je suis éprouve une grande méfiance envers les intellos, les fonctionnaires, l'armée… C'est aussi une espèce d'inconscience. J'ai commencé à écrire des textes, bien avant mes débuts, qui étaient très inspirés des chansons dérisoires mais charmantes d'Eddie Constantine. Devenu chanteur au sein des Chaussettes noires (1961), on me proposait des paroles tellement débiles que je me disais : « Ça, je peux le faire sans aucun problème. » Quand j'ai reçu les textes de Georges Aber[1], l'auteur alors à la mode qui fonctionnait grâce à ses nombreuses adaptations de succès américains, j'étais très partagé. Le résultat n'était pas toujours convaincant, si ce n'est quelques réussites comme « Tu parles trop ». Je me suis mis à écrire mes chansons : je pensais pouvoir faire aussi bien et, pourquoi pas, arranger le contenu à ma sauce.

Ce quelque chose que l'on a en soi devient presque un refus d'accorder de l'importance au regard de l'autre, à ses éventuels conseils ou directives. Pourtant, il y a eu des exceptions. Entamant ma carrière de chanteur pour la maison de disques Barclay, un dénommé Jean Fernandez y devient mon directeur artistique. D'ailleurs, il l'est resté très longtemps, et à juste titre. Il était plus âgé que moi, 30 ans, quand j'en avais 19. Il venait du jazz

1. Georges Aber est d'abord chanteur avant de devenir parolier, adaptant des succès de langue anglaise pour de nombreux chanteurs comme Johnny Hallyday (« Da dou ron ron »), Richard Anthony (« Le p'tit clown de ton cœur ») et beaucoup d'autres dont Les Chaussettes noires (« Le twist », « Il revient », « Tu parles trop », « Peppermint twist »).

et de ses grandes formations, mais était surtout à l'affût de tout. Un grand cinglé de musique, pire que moi, et aussi doté d'un humour dévastateur. Il m'a mis immédiatement en confiance. Une belle relation d'amitié et de travail est donc née entre nous. Quoi de plus normal entre « cintrés », me direz-vous.

Mais, comme tout le monde, on doit aussi faire des concessions dans ce métier, pour des questions d'argent ou simplement pour faire plaisir. Je me souviens qu'à l'époque des Chaussettes noires, Eddie Barclay, alors mon patron et déjà ami, voulait qu'on fasse un duo avec Maurice Chevalier. Je n'avais rien contre lui, mais pour moi il représentait l'opposé de ma musique, pour ne pas dire l'extrême contraire ; ça ne me semblait pas possible de mélanger les deux. On a donc enregistré « Le twist du canotier », chanson « merveilleuse » de Georges Garvarentz[2], écrite par Noël Roux… et finalement tant mieux ! On en a vendu beaucoup, un carton de plus pour mes fameuses Chaussettes, et ça a fait du bien à Chevalier. Eddie avait un contrat avec lui qui arrivait à terme, or il venait de prendre un bide avec son nouvel album qui ne marchait absolument pas. La chanson lui a permis

2. Compositeur qui a longtemps fait équipe avec Charles Aznavour (« Et pourtant », « Emmenez-moi », « Hier encore »), dont il épousa la sœur. Le tandem travailla également pour Johnny Hallyday (« Retiens la nuit »). Garvarentz signe notamment pour Les Chaussettes noires la musique de « Daniela ».

de rentrer dans ses frais. Je me rappelle aussi que Jean Fernandez ne m'était pas d'un grand secours pendant la séance d'enregistrement, allant souvent aux toilettes. Bref, il s'emmerdait.

Être son propre producteur, éditeur, ou se transformer en animateur du petit écran n'a absolument rien à voir avec le fait d'être autodidacte. Quand bien même ce sont des métiers qui ne s'apprennent pas. Le projet de « La Dernière Séance » m'a permis de revisiter ma passion pour le cinéma américain. Et surtout, j'avais les mains libres, aucune contrainte, je faisais ce que je voulais ! Diffusée à l'époque sur FR3, l'émission était produite par Gérard Jourd'hui, Patrick Brion et moi-même, puis livrée à la chaîne qui diffusait. On était alors loin des conflits ou du lourd cahier des charges de la télé d'aujourd'hui.

Produire ses propres disques, c'est normal quand on a l'habitude des studios. Un chanteur a envie de s'entourer d'une équipe de musiciens et de techniciens afin d'avoir un résultat qui lui plaît et lui ressemble. C'est ainsi que je me suis mis à la production, souvent épaulé par Jean Fernandez et Pierre Papadiamandis, mon fidèle compositeur. Être éditeur musical, c'est un truc d'escroc quand même, faut bien le dire. Il est logique que le chanteur s'édite lui-même, car c'est lui qui va en promotion, répondre aux questions des journalistes dans un marathon des médias. Il faut bien qu'il ait une contrepartie. Vous déposez vos chansons à la

SACEM[3], et puis vous récupérez vos droits. À une époque – que moi-même je n'ai pas connue ! –, éditeur musical était un vrai métier. Il fallait démarcher d'autres interlocuteurs pour les chansons de votre catalogue, imprimer des partitions… Aujourd'hui, rien de tout ça n'existe plus.

Être autodidacte, en tant qu'acteur, c'est très facile. Il suffit d'être d'accord avec le personnage que vous interprétez. Même s'il peut y avoir des conflits avec un metteur en scène, ou avec des partenaires proches, il faut rester en phase avec son rôle. Faire le comédien, c'est pas très compliqué, c'est bien plus difficile d'être chanteur. Pour ce qui concerne la scène, je me produis moi-même. Dans les années 1960-1970, des tas de gens se disaient producteurs de spectacles ou tourneurs. Et, la plupart du temps, ils n'en foutaient pas une. Mon tour de chant était vendu à une mairie, j'arrivais avec mon orchestre, et là, surprise : la scène n'était pas montée, ou il n'y avait pas de sono. Il valait mieux apporter son matériel. Inconscience ou preuve d'une certaine logique, je suis donc devenu producteur. Mais rassurez-vous : je laisse tout le côté administratif – les musiciens, dates, salles de spectacle, les balances pour le son… – à mon coproducteur Claude Wild.

Il faut surtout savoir bien s'entourer.

---

3. Société des auteurs, compositeurs et éditeurs de musique. Elle s'occupe de la gestion des droits d'auteur.

B

Belleville

« … après on arrivait à Goncourt,
pas question d'aller plus loin. »

Le quartier de mon enfance a beaucoup changé, mais il reste extraordinaire à mes yeux. C'est l'un des rares arrondissements parisiens où toutes les civilisations se rencontrent. Étant un enfant de là-bas, il y a des souvenirs qui, bien sûr, me tiennent à cœur. Par exemple, ce boulanger-pâtissier, boulevard de Belleville, entre Pyrénées et Télégraphe, qui faisait des flans incroyables. En face se trouvait un Tunisien vendant des sandwichs succulents et, à côté, un Chinois qui m'a initié à la cuisine asiatique. Difficile de faire mieux. Et tout ce petit monde s'entendait à merveille. Aucun problème de minorités, comme on dit aujourd'hui.

Mes parents habitaient boulevard d'Algérie : l'appartement se composait d'une entrée, de deux chambres, d'une salle à manger et de toilettes. Notre luxueuse salle de bains était la cuisine. Il fallait donc se tenir au courant des plats mitonnés par ma mère pour le repas familial du soir, histoire de ne pas créer d'embouteillages. Pas question de traîner, on se lavait de bon matin. L'immeuble était un HLM, habité par une population ouvrière, où tout le monde se côtoyait. Je me rappelle qu'à une époque, nous avions des voisins antillais d'une rare gentillesse. Très festifs, et de fait bruyants, ils cuisinaient tout le temps et venaient sonner à notre porte pour nous apporter les mets préparés. Acras de morue, colombo (version poulet) et autres plats délicieusement épicés amenaient un peu d'exotisme à la maison, nous faisant découvrir une autre culture. Évidemment, on leur rendait la vaisselle prêtée !

En face de chez moi, vue imprenable sur les fortifs. Construits à l'origine en 1844 pour défendre Paris en cas d'attaque, ces emplacements militaires sont abandonnés puis détruits après la Première Guerre mondiale. Situées entre les boulevards maréchaux et le futur périphérique, ces collines abritent, jusqu'à la fin des années 1920 (date où ses habitants seront peu à peu expulsés), la population la plus pauvre de Paris, dans des baraquements tenant à peine debout. Céline, mon auteur de chevet, raconte ces conditions de vie inacceptables dans *Voyage au bout de la nuit* : « Cette espèce de village qui n'arrive jamais à se dégager tout à fait de la boue, coincé dans les ordures et bordé de sentiers où les petites filles trop éveillées et morveuses, le long des palissades, fuient l'école pour attraper d'un satyre à l'autre vingt sous, des frites et la blennorragie. » Les fortifs, ce sont aussi des moments heureux, à commencer par mes aventures à travers les jeux d'Indiens et de cow-boys avec mes camarades d'alors, dans ces terrains vagues.

Le rendez-vous du samedi avec les copains, c'est place des Fêtes, jour du marché. Là encore, le peuple de Belleville se mélange. La gent féminine s'habille pour l'occasion. Les robes jaune canari et les vichys des commerçantes et des clientes me font mal au crâne. Outre les fameux bains-douches proches de mon école rue des Solitaires, il y a aussi pas mal de bouquinistes chez lesquels je pars à la recherche d'un *Coq hardi*[1] absent de ma collection. À la sortie du métro se trouvent des marchands de partitions de chansons du moment. Certains interprètent *a cappella* les tubes du jour, afin de faire venir à eux la clientèle. Ce n'est pas toujours le cas. J'en prends bonne note, chanteur des rues, ça ne s'improvise pas et ça reste un métier à l'avenir incertain.

1. Journal de bande dessinée paru de 1944 à 1963. Ses dessinateurs phares sont Marijac (créateur des *Trois Mousquetaires du maquis* et de *Jim Boum*), Le Rallic (série *Ponchos Libertas*) et Dut (série *Sitting Bull*).

Par contre, je n'aimais pas trop me balader aux Buttes-Chaumont. Étant très parisien, la verdure m'emmerde un peu. J'y rejoignais mon père qui adorait regarder les parties serrées de pétanque. Car il faut le savoir, c'est à Paris que l'on y joue le mieux. Vous n'avez qu'à aller porte Dauphine, où j'ai vu des joueurs pointer le dos tourné au jeu. Et, miracle, la boule arrivait à deux centimètres du cochonnet ! De vrais numéros de cirque.

Il ne faut pas croire pour autant que tout était rose dans le quartier. Le « milieu » était tenu par des macs corses et des juifs tunisiens qui n'ont pas hésité à rentrer dans le lard de leurs confrères arabes quand ces derniers ont voulu prendre leur place. Ils n'y allaient pas avec le dos de la cuillère, tirant des coups de feu et laissant des morts sur le pavé. Quelques bastons dans des cafés entre blousons noirs pouvaient également égayer nos soirées. La violence et Paris, ça n'a (malheureusement) rien de neuf.

Mais, surtout, Belleville était un paradis pour le fou de cinéma que j'étais déjà. Porte des Lilas, il y avait Les Tourelles. Cette salle à la superbe déco (un soleil géant en céramique au sol, des portes battantes avec des hublots, une étoile bleue au plafond et des photos Harcourt[2] de comédiens

2. Le studio Harcourt, fondé en 1934, est spécialisé dans les portraits de vedettes de cinéma et de personnalités.

le long des murs) possédait un toit ouvrant, bien agréable l'été, mais à éviter en matinée durant cette période, car le son du film était alors couvert par les cris et les plongeons des nageurs de la piscine d'à côté. Je l'expérimentai à mes dépens lors de la projection du *Jardin du diable*[3]… Le mélange était plutôt surprenant ! Vers Télégraphe, on trouvait Le Florida. Un cinéma très intéressant construit autour d'un arbre géant… Il fallait bien choisir son fauteuil, car cet immense végétal avait tendance à vous gâcher la vue ! De plus, il n'était pas rare que les dames d'un certain âge emmènent en matinée leurs chiens pisser contre l'arbre… en pleine projection. Autant vous dire que, question odeurs, ce n'était pas terrible. À Jourdain, j'allais à L'Alcazar, et aussi au Féerique, qui contenait plus du double de places. Dans ce coin, il y avait une petite place avec des manèges tenus par les gens du voyage et surtout deux femmes qui dansaient tout le temps. Je me souviens d'une concierge (très ronde, à la poitrine imposante) d'un immeuble à proximité, regardant ce spectacle de la fenêtre de sa loge au rez-de-chaussée. Elle parlait avec une voisine qui lui disait : « Elles passent leur temps à danser, ces deux-là. » Alors, la concierge accoudée répondait aussi sec : « C'est pour ça qu'elles restent

3. Western en couleurs signé Henry Hathaway (1954), avec Gary Cooper, Susan Hayward et Richard Widmark.

minces. » C'est beau, je suis sûr que cela aurait plu à Audiard.

J'allais aussi voir des films au théâtre de Belleville, où étaient enregistrées en alternance les émissions de « 36 chandelles » avec Jean Nohain. Alors que la salle programmait *Salomé*[4], je me rappelle y avoir découvert un tout jeune Charles Aznavour, qui m'avait impressionné alors qu'il faisait l'attraction sur scène, dans un costume en alpaga bleu. On ne voyait que lui. De l'autre côté, on avait le Belleville-Pathé, à gauche Les Folies-Belleville, en face Le Floréal, pour arriver au Cocorico sur le boulevard de Belleville. C'était, pour moi, la limite de mon quartier puisque après on arrivait à Goncourt, pas question d'aller plus loin. Je n'oublierai pas également de citer Le Danube, Le Ferber, Le Provence et Le Zénith – ce dernier proposait des attractions extraordinaires, notamment de grands orchestres reprenant la musique latine alors à la mode, comme celle de Xavier Cugat. En fait, ces lieux expliquent mon appétit cinéphilique mais aussi mon absentéisme scolaire.

Aujourd'hui, rien de tout cela n'a subsisté. Les cinémas ont disparu, laissant place à des supérettes, supermarchés et mauvais restaurants écossais – dit McDo. Tant pis, tant mieux. N'étant pas

4. Péplum en couleurs de William Dieterle (1953), avec Rita Hayworth, Stewart Granger et Charles Laughton.

spécialement nostalgique, ce n'est pas bien grave. Par contre, je regrette la disparition de la bonne entente entre les différentes populations du quartier. Les gens, surtout les jeunes, fonctionnaient bien ensemble. Que s'est-il passé ? Faute à la came ? Ou morosité économique ? Je reste malheureusement sans réponses.

C

Chanter

« Il faut chanter. Même une connerie,
un air qui vous reste, ou vous amuse,
vous procure un moment de détente nécessaire. »

Chanter, chant, chanteur, enchanté Balzac, ah zut, lui, c'est Honoré. Trêve de plaisanteries, chanter est pour moi quelque chose de logique. Je remercie le bon Dieu, s'il existe et s'il est libre, de m'avoir donné ce petit don. C'est génial, ça fait bien vivre, et c'est formidable tout court. Chanter fait partie de la vie de chaque être humain, c'est comme une évidence. Je n'aime pas le terme « chanteur professionnel ». Il faut chanter. Même une connerie, un air qui vous reste, ou vous amuse, vous procure un moment de détente nécessaire.

C'est d'autant plus une chance quand on en vit depuis fort longtemps, comme c'est mon cas. Je bénis donc toutes les personnes qui ont participé à ma carrière. On n'est pas tout seul dans la vie. Merci donc à Jean Fernandez, déjà cité précédemment. Je me souviens de mon audition chez Barclay. Dans le bottin, à A il n'y avait rien (les disques AZ n'existaient pas, alors), donc je suis allé à B : Barclay. Je téléphone et l'on me dit que les auditions ont lieu le mardi soir aux studios Hoche. J'avais monté un petit groupe répondant au nom des Five Rocks (les futures Chaussettes noires) et, le jour J, nous débarquons dans la Déesse 19 du père de notre guitariste William. À la bourre, je cherche où se passe notre essai et découvre de grands escaliers : un gros Black s'y trouvait, se traînant à genoux, avec à ses côtés un valet portant sur un plateau une bouteille de whisky et des glaçons. L'homme à terre se tourne vers moi, articule trois mots dans un anglais que je ne comprends pas et me sourit de toutes ses dents. Je le reconnais immédiatement : c'est Louis Armstrong ! Impressionné, je file à l'étage et découvre assis dans le hall Paul Newman et Joanne Woodward, son épouse, qui me font un bonjour de la main. J'hallucine. Deux secondes plus tard, une porte s'ouvre et Duke Ellington en sort. Je me frotte les yeux, tandis que Quincy Jones (venu donner un coup de main à ses camarades) m'indique l'endroit pour les auditions. Alors que mes compères s'installent, je me dirige vers le standard, qui servait aussi de caisse pour rémunérer en cash les musiciens en séances d'enregistrement dans la maison, une fois leurs feuilles de service remplies. La jeune femme derrière son comptoir m'explique que tout ce joli monde enregistre la musique du film *Paris Blues*[1]. Tout cela était donc bien réel, je n'étais pas dans *Claude Moine au pays des merveilles* ! J'ai souvent raconté cette histoire qui peut paraître difficile à croire, mais est pourtant formellement vraie. Et cela n'arrive qu'une fois dans une vie.

Une fois notre test passé sous la houlette de Jean Fernandez, nous rentrons chacun respectivement chez soi. Le lendemain, je reçois un télégramme (mes parents n'avaient pas le téléphone) nous convoquant pour enregistrer. Retour aux studios Hoche, où je retrouve Jean avec un gros singe dans les bras. Il m'explique que nous devons attendre un peu, il lui faut auparavant enregistrer le primate. Il s'appelle Hubert de Beaumanière, porte un smoking et doit fredonner accompagné d'un grand orchestre et face à des photographes venus pour l'occasion. Le singe n'a jamais chanté, alors que moi, au contraire… C'était une autre époque et une vision radicalement différente du show business. J'ai eu surtout une chance formidable, puisque les titres mis en boîte ce jour-là sont sortis en super

1. Film en noir et blanc réalisé par Martin Ritt (1961) avec Sidney Poitier, Paul Newman, Joanne Woodward, Louis Armstrong et Serge Reggiani, qui raconte l'histoire de deux musiciens américains de jazz expatriés à Paris, terre alors d'accueil pour cette musique. La bande originale du film a été signée par Duke Ellington.

45 tours[2] (mon premier avec quatre chansons) et ont été un carton dans toute la France. J'ai l'impression d'entrer dans la quatrième dimension en un temps record.

Si savoir chanter peut être considéré comme un don, il faut le travailler. Que ce soit sur scène ou au studio, la voix est un outil qu'on perfectionne incessamment. Et puis il y a ces gens dont on écoute sans relâche les disques, dont on espère pouvoir atteindre le niveau, et qui, sans le vouloir, nous font travailler. Môme, j'avais pour idole Gene Vincent, une voix extraordinaire, et tant d'autres comme Presley ou Sinatra. Il y a aussi beaucoup d'artistes fabuleux dans des registres différents, comme Mario Lanza ou Placido Domingo. Et là aussi, on en prend plein les oreilles. Ils m'ont fait évoluer et surtout rester modeste. Si un proche, quelqu'un de la maison de disques ou même un fan me fait un compliment sur ma façon de chanter, tout de suite je pense à mes repères, et donc à ces fameux interprètes, en me disant : « Ouais, ouais, mais lui, il chante vraiment bien, c'est autre chose. » Une façon comme une autre de ne jamais attraper la grosse tête.

J'ai chanté très tôt afin d'arrondir mes fins de mois, en fait dès l'âge de mes 14, 15 ans. Je ne

2. Le super 45 tours, apparu dans les années 1950, contenait quatre chansons, deux par face, alors que le 45 tours classique (single) n'en comprenait que deux (une par face).

gagnais pas lourd comme garçon de courses au Crédit lyonnais (1 500 anciens francs), j'avais donc recours au système D. Trafic de shorts de bain confectionnés par ma mère (qui n'oubliait jamais la doublure intérieure, contrairement à mes camarades et moi, lorsque nous nous y collions. Nous récoltions souvent des clients mécontents aux testicules ravagés par l'eau de Javel des piscines. Rien à voir évidemment avec le « Great balls of fire » de Jerry Lee Lewis !), papier buvard ou machines à écrire « empruntées » pour toujours à mon employeur, je faisais fonctionner « ma petite entreprise », comme disait Bashung. Normal, dans le foyer familial, dont les revenus riment avec que dalle, la fin du mois commençait pour nous le 5. Un jour, je rencontre un type qui se dit chef d'orchestre, travaillant surtout pour des bals. Je lui propose un titre où j'imite Eddie Constantine et un autre de Bill Haley (pas deux, je n'étais pas assez au point) : mon offre l'amuse, et je suis aussitôt engagé comme attraction au sein de son spectacle – autant dire qu'il y avait de quoi rire. Un jeune ado chantant « Ah ! les femmes », ça faisait bien sourire la gent féminine, l'expérience n'étant pas encore vraiment au rendez-vous ; 15 ans, et inconscient comme on peut l'être à cet âge. Mais cela m'a permis de travailler avec d'autres formations, et toujours pour deux titres. Chanteur fantaisiste donc, j'alternais parfois avec un succès latino du moment dans un yogourt complet, apprenant le texte phonétiquement, écorchant les couplets, mais entonnant fièrement, par exemple, le refrain de « Eso es el amor » des Chakachas. Seule phrase du texte que j'étais capable de reproduire, via un son déformé par les micros pas du tout high-tech de l'époque. Ces prestations, loin d'être mémorables, ont eu lieu dans les dancings parisiens de l'époque comme La Flèche d'or, et vers Pigalle au Tahiti qui possédait une piste flottante lorsque les couples dansaient. Pas très loin se situait Le Petit Jardin, un endroit où, presque tous les soirs, des bagarres éclataient. Le propriétaire m'avait prévenu. Je chantais mes chansons près des danseurs et, dès la première paire de claques, je devais monter une échelle de corde afin de rejoindre le restant de l'orchestre situé au-dessus dans une loggia. Les soirées auxquelles je participais se déroulèrent cependant dans le calme. En plus, la casse était limitée, les tables et les chaises étant fixées au sol.

Je pratiquais mes talents de chanteur tous les samedis, de temps en temps aussi le vendredi, à raison de deux ou trois boîtes de nuit à chaque fois. Cette expérience a été enrichissante. D'abord, ces quelques soirs représentaient l'équivalent de mon salaire mensuel au Crédit lyonnais. Un métier de saltimbanque, certes, mais intéressant, qui me permettait de donner l'intégralité de ma paie à mes parents et de garder l'argent de ces à-côtés. Ce contact avec un premier public pour le jeune homme culotté (ou dois-je dire encore inconscient ?) que j'étais a pratiquement totalement éliminé le trac que j'aurais pu avoir lorsque je suis devenu « professionnel ». Bien sûr, on a toujours une petite angoisse du genre « Vais-je encore intéresser les gens ? », ou la peur d'une redite, mais tout disparaît une fois sur scène. *Idem* en studio, où le travail avec les musiciens, ingénieurs du son, arrangeurs et j'en passe attire tout de suite mon attention, et même me passionne. Là, on peut refaire, ou mettre de côté un titre que l'on juge raté pour X raisons (et qui fait plus tard le bonheur des Intégrales), alors que la scène reste directe, chaque soir est un *one shot* sans seconde prise. Je n'ai jamais considéré ce don comme un travail, avec toutes les contraintes que le mot comporte.

Chanteur depuis finalement toujours, je ne changerais pour rien au monde.

D

Dernière Séance (La)

« … quant à moi, c'est Burt Lancaster,
les colts et les films d'aventures qui m'attirent. »

Tout commence au mois d'août 1979. Je glandais à Paris après une tournée en juillet et, évidemment, me rendais dans les salles obscures pour y voir les nouveautés, avec un lieu de prédilection, l'UGC Ermitage des Champs-Élysées. L'établissement était tenu par Alain Van Gennep, un camarade fou furieux de cinéma et surtout d'affiches, avec lequel je déjeunais souvent. Un jour, je lui exprime mon regret quant à la disparition dans les salles des séances de minuit. J'aurais carrément envie de (re)voir ce genre de projections et, pourquoi pas, de m'occuper de la programmation. Emballés par l'idée, nous contactons le président d'UGC qui nous répond qu'il n'a absolument rien contre le fait de nous laisser l'Ermitage à partir de minuit jusqu'à *ad lib.*, du moment que l'on paye un supplément de charges et de salaires pour le personnel travaillant à ces heures tardives (ouvreuses, caissière et projectionniste). Nous avions carte blanche, à nous de trouver les copies chez les distributeurs des films désirés. Très vite, et avec l'aide de tout ce petit monde, le projet a vu le jour. Une fois par semaine, je proposais un programme à l'ancienne, qui durait quatre heures trente environ (un régal pour les insomniaques). D'abord, les actualités d'époque, un ou deux documentaires passionnants (genre la vie sexuelle des sauterelles en Australie, avec un commentaire assuré par une voix bien nasillarde comme il faut), puis quelques dessins animés, des anciennes publicités, des bandes-annonces savoureuses comme celle où Hitchcock présente avec humour son *Psychose*[1], ou encore celle de *Zarak le valeureux*[2] (« Le film le plus formidable que l'Angleterre ait jamais produit », « avec la ravissante Anita Ekberg dans le rôle de Salma, la séduisante esclave », pouvait-on lire tandis qu'une voix off clamait : « Zarak, son nom est encore répété par l'écho des montagnes mystérieuses de l'Inde »...

1. Thriller en noir et blanc d'Alfred Hitchcock (1960) avec Anthony Perkins, Janet Leigh, Vera Miles et John Gavin. Dans la bande-annonce, le metteur en scène présente aux spectateurs les décors du film. Au cours de cette visite, il évoque avec un humour souvent décalé les meurtres se déroulant dans ces différents endroits.

2. Film d'aventures en couleurs signé Terence Young (1956), avec Victor Mature, Anita Ekberg et Michael Wilding.

Si ça, ce n'est pas vendeur !) et, enfin, le grand film. Là encore, nous nous faisons plaisir avec, entre autres, *Scaramouche*[3], génial film de cape et d'épée, ou *La Blonde et moi* (1956), sublime comédie se moquant du rock and roll avec la pulpeuse Jayne Mansfield et les apparitions de Gene Vincent, Little Richard... À l'entrée du cinéma, une affiche : *Eddy Mitchell vous présente « La Dernière Séance »* annonçait ce beau programme, avec les jours et les films choisis. Pas de promotion extravagante. À la première, la salle est pleine à craquer, le monde se bouscule pour entrer, *idem* pour les séances suivantes. Mon ami Coluche m'aide à assurer la promotion des futures soirées en venant tourner un court film humoristique, diffusé entre les pubs et les bandes-annonces[4]. Je ne le remercierai jamais assez pour ça. Et moi qui pensais juste réunir des copains et quelques Parisiens cinéphiles.

Peu de temps après, Serge Moati, directeur de FR3 (aujourd'hui France 3), me contacte pour me dire qu'il est intéressé pour transposer ce concept

3. Film d'aventures en couleurs réalisé par George Sidney (1952), avec Stewart Granger, Janet Leigh et Mel Ferrer.

4. Ce court film promotionnel projeté uniquement à l'UGC Ermitage met en scène Eddy Mitchell préparant ses bobines de films dans la cabine de projection. Perdu dans le cinéma, Coluche entre dans la pièce et lui demande s'il y aura bien le documentaire, accompagné des actualités, mais aussi des publicités (avec le sigle Jean Mineur), ou encore si le grand film est en couleurs. Devant l'impossibilité de finir son travail minutieux en cours, Eddy, totalement agacé, se jette sur lui pour l'étrangler.

au petit écran. Difficile de refuser, mais comment faire ? Immédiatement, je refile le bébé à mon ami Gérard Jourd'hui. Nous partageons de nombreuses passions (la BD, le vieux cinoche américain, le roman populaire), mais aussi une certaine mauvaise foi et un humour railleur. De plus, lui connaît bien l'univers télévisuel puisqu'il est producteur d'émissions. Il est l'homme de la situation. Entre-temps, nous tournons ensemble « Le Petit Mitchell illustré », spécialement concocté pour le 24 décembre 1981 sur la chaîne, avec l'aide de nombreux amis, ce qui nous permet de voir comment chacun fonctionne dans le travail. Gérard remodèle l'idée première, enlève le documentaire d'époque, mais garde les actualités, le dessin animé et les bandes-annonces, ajoute les attractions, écrit toutes mes présentations et les dialogues avec une ouvreuse, apporte l'idée des figurants habillés et coiffés façon années 1950-1960. Également coproducteur de l'émission, il réalise l'intégralité du programme, qui propose désormais deux films. Le premier est diffusé en version française, pour ne pas rebuter dès le début les spectateurs, le second en version originale sous-titrée, le tout sous la houlette de Patrick Brion – grand cinéphile, créateur et célèbre voix du « Cinéma de minuit », qui nous a permis pendant plus de quarante ans de découvrir quelques joyaux et raretés cinématographiques. Le titre de notre émission fait référence à l'une de mes chansons, réorchestrée spécialement pour notre générique. Le coup d'envoi est annoncé pour le 19 janvier 1982. Ça commence fort avec *Le Corsaire rouge*[5] (dont je ne me lasse jamais, même au bout de la trentième projection) et en seconde partie *Bandido Caballero*[6] – deux incontournables, à mon avis.

Je dois avouer ne pas avoir été anxieux les jours précédant la première de cette « Dernière Séance ». En fait, je n'en ai pas eu le temps, étant devenu la veille le père d'une petite Pamela, la benjamine de mes trois enfants. Un événement dignement fêté dont le personnel de la clinique se souvient encore : le champagne coulait à flots dans la chambre bruyamment visitée par de nombreux amis et proches. Le lendemain de la diffusion, j'apprends que nous avons fait un excellent score auprès d'un public globalement ravi. C'est ce qui s'appelle bien commencer l'année.

Pour le choix des films, Brion assouvit sa passion légendaire pour Richard Thorpe et les comédies musicales, Jourd'hui s'intéresse aux comédies et à un cinéma mettant en avant les charmes des actrices de l'époque, quant à moi, c'est Burt Lancaster, les colts et les films d'aventures qui m'attirent. Nous salivons d'avance sur les titres à venir. Je garde

5. Film d'aventures en couleurs réalisé par Robert Siodmak (1952), avec Burt Lancaster, Eva Bartok et Nick Cravat.

6. Western en couleurs mis en scène par Richard Fleischer (1956), avec Robert Mitchum, Ursula Thiess et Gilbert Roland.

assurément de bons souvenirs des tournages : nous nous baladons de La Garenne-Colombes à Beaumont-sur-Oise, de Reims à Saint-Raphaël et finalement au Trianon de Romainville, une salle de tradition, où nous avons longtemps établi nos quartiers. Côté audience, la soirée avec *Le Voleur de Tanger*[7] est un carton à notre grande surprise (le public attendait sûrement un conte des *Mille et Une Nuits* au petit écran) et la projection de *L'Étrange Créature du lac noir*[8] en 3D (une première à la télévision française) restera, je crois, dans les mémoires. Pour cette émission spéciale, les spectateurs doivent acheter des lunettes équipées de filtres bleu et rouge qu'ils peuvent se procurer dans les journaux partenaires de l'opération. Ce programme, tourné à Bruxelles, est également animé par Patrick Brion (qui y signale des renseignements essentiels, comme le nom de l'acteur qui joue la créature apparaissant hors de l'eau, mais aussi celui du comédien figurant pour les prises de vues sous-marines du monstre) ainsi que par Bertrand Tavernier, et est simultanément diffusé en Belgique. Le lendemain, c'est un record d'écoute. Imaginer la moitié des Français et des Belges avec ces lunettes sur le nez m'a toujours amusé. Et puis,

---

7. Film d'aventures en couleurs de Rudolph Maté (1951), avec Tony Curtis et Piper Laurie.

8. Film de science-fiction en noir et blanc et relief signé Jack Arnold (1954), avec Julie Adams et Richard Carlson.

il faut le dire, la 3D des années 1950 donne bien mal à la tête. La vente d'aspirine a dû culminer le lendemain dans les pharmacies. Par contre, la soirée comédie musicale rock avec Presley pour *Le Rock du bagne* et *La Blonde et moi* est un flop. Comme quoi, on ne tient pas compte des résultats, mais seulement de nos envies.

Quant aux attractions, c'est quelque chose ! Dans les années 1940, 1950 et une partie des années 1960, ces numéros d'artistes en tout genre passent à l'entracte avant le film. Chanteurs, jongleurs, comiques, magiciens et clowns sont au programme, ainsi que d'autres numéros de cirque – par exemple un ours « polaire », peint en blanc pour l'occasion… Je me souviens tout particulièrement d'un casting pour ces fameuses attractions. Un jour, un type arrive les mains dans les poches avec un gros nez rouge et toute la Corse sur sa truffe, habillé d'une chemise colorée d'une rare beauté. Il nous indique qu'il fait de la guitare hawaïenne avec son appendice nasal. Je lui demande : « Vous pouvez nous faire une démonstration ? » Il me répond qu'auparavant il doit s'accorder avec de la bière Pélican. L'homme vide la moitié d'une bouteille, s'humecte les lèvres et le nez, et gratte ce dernier avec l'aide de ses doigts. Des sons ressemblant très vaguement à ceux de l'instrument sortent de ce pif hors normes. Je cache avec difficulté mon fou rire naissant, tandis qu'il continue son numéro et imite maintenant les cloches de Westminster. Muet d'admiration, je fais engager immédiatement ce remède à la morosité. Voilà un talent qui m'a beaucoup plu.

Les tournages des émissions sont loin d'être de tout repos. Douze programmes en neuf jours de tournage, c'est du boulot. En plus, chaque « Dernière Séance » représente un bottin considérable de textes à apprendre. En fin de journée, pas besoin de me bercer pour me faire dormir. Il est vrai que, sachant de quoi je parle, l'effort de mémoire est moindre. Ce qui n'est pas le cas de tout le monde : en effet, pour des raisons d'emploi du temps, je dois sept ou huit fois me faire remplacer par des camarades pour la présentation de l'émission. Si, en tant que cinéphile bercé un peu trop près de l'écran, je connais tous les titres des films, les noms des acteurs, réalisateurs et les dates, eux doivent tout apprendre, sans compter les anecdotes, les enchaînements... La majorité s'en sort bien (comme Guy Marchand, Michel Sardou, Jacques Dutronc...), quand d'autres me téléphonent pour me dire : « Plus jamais avec moi et merci du cadeau ! » Cela n'engendre aucune dispute, et je les remercie encore tous pour leur participation. Il faut avouer que tous ces textes à assimiler, sur lesquels je rouspète, m'ont plus tard aidé dans mon travail d'acteur, et surtout lors de mes petites expériences théâtrales.

Dernière Séance (La)

« La Dernière Séance » dure seize ans, soit 192 émissions. Je m'y amuse plus d'une dizaine d'années, mais sur la fin j'ai des doutes et crains les redites. Même si notre taux d'audimat n'est plus le même qu'auparavant, il reste conséquent. C'est donc un moment propice pour arrêter. Et puis avec l'arrivée des chaînes câblées puis le satellite, l'émission n'a plus sa raison d'être. Ce genre de films peuvent désormais se voir ailleurs. Ce cinéma d'hier est déversé sur les chaînes, qui ne proposent aucune présentation du film. D'ailleurs, est-ce bien utile aujourd'hui ? Franchement, non. Et puis seize ans d'existence pour une émission, c'est long. Je dirais même, c'est bien que cette « Dernière Séance » n'existe plus. Au moins, ça fait des regrets.

E

Écriture

« Une chanson peut me prendre deux à trois heures comme quatre jours, voire un peu plus. Je n'ai aucun contrôle là-dessus. »

Écrire est loin d'être facile chez moi. D'abord, sans les musiques de Pierre Papadiamandis, mon compositeur, il ne se passe rien. J'ai besoin d'écouter son travail pour déclencher mon imaginaire et les images que je projette en écrivant. Jamais un texte ni même une idée d'avance. Lorsque je pense à un sujet ou à une phrase pouvant servir à une chanson, je griffonne le tout sur papier, mais je trouve ça généralement mauvais ou sans intérêt en le relisant deux jours plus tard et hop ! direction la poubelle. La musique m'est vraiment nécessaire et reste l'élément moteur. Grâce à elle, ces images se transforment en petits scénarios avec un début, un milieu et une chute. Qu'elles soient inspirées d'un vécu personnel (« La dernière séance ») ou de celui d'un proche (un ami cadre licencié par ma maison de disques me donne à l'époque l'idée de « Il ne rentre pas ce soir »), ces histoires révèlent souvent une influence cinématographique. Quand on est tombé dedans petit, impossible de s'en défaire. Ce qui est formidable dans cette forme d'écriture, c'est que je ne vois pas le temps passer. Une chanson peut me prendre deux à trois heures comme quatre jours, voire un peu plus. Je n'ai aucun contrôle là-dessus. Ça se complique quand je ne trouve pas les mots exacts correspondant au climat de la musique.

Le plus difficile, c'est quand je m'attaque à une chanson d'amour. Pour être sincère, il faut l'avoir vécue, ou la rêver, l'avoir ressentie à travers quelqu'un d'autre, et pour moi ce n'est pas évident de trouver les mots – qui doivent toucher non seulement moi-même, mais également le public qui m'écoute. C'est toujours facile d'écrire : « Je t'aime, tu m'aimes, tu m'aimes plus, tu es parti, mais je ne t'en veux plus », mais là, ça ne m'intéresse pas du tout de faire dans ce genre.

Écrire pour soi-même donne une liberté incroyable au chanteur. Eddy Mitchell est très content des textes de Claude Moine. Vous me direz, ce n'est pas très compliqué. Ils partagent le même humour, une vision de la société de consommation identique et n'adhèrent pas plus aux paroles de l'Église qu'à celles des politiques. Et ne parlons pas du fisc, ou d'un rêve américain bien fini, qui sont également des sujets de raillerie. Il m'arrive aussi parfois de faire appel à d'autres auteurs, histoire de me diversifier. Dans ce cas, ce sont des chansons que je ne peux pas écrire moi-même. Ça donne « L'esprit grande prairie », un titre magnifique composé par Laurent Voulzy et écrit par Alain Souchon, qui me raconte véritablement, ce que j'aurais été incapable de faire moi-même. « Paloma dort », le texte de Marie Nimier[1] et Thierry Illouz[2], ne me serait pas venu à l'esprit, il est tout simplement parfait et très agréable à chanter. Et en cas de panne, que faire ?... SOS Boris Bergman[3]. Un début de texte mais pas de fin, ou le contraire, une idée et trois phrases et même en cas de panne sèche, mon Boris accourt à ma rescousse dès que je l'appelle. C'est mon Zorro à moi. On fonctionne

---

1. Romancière et parolière, écrivant notamment pour Juliette Gréco, Lambert Wilson, Enzo Enzo, Johnny Hallyday, Art Mengo et Maurane.

2. Romancier, avocat et auteur de pièces de théâtre. Il fait régulièrement équipe avec Marie Nimier en tant que coauteur de chansons.

3. Écrivain, acteur, réalisateur, Boris Bergman est surtout connu en tant que parolier pour Alain Bashung, Juliette Gréco, Maxime Le Forestier, Christophe, Viktor Lazlo, les Aphrodite's Child et beaucoup d'autres. Pour Eddy Mitchell, il signe ou cosigne avec celui-ci des adaptations comme « Bobby McGee », « Seul est l'indompté », « Tu peux préparer le café noir », ainsi que des chansons originales (« L'idole chante au dessert », « Lèche-bottes blues », etc.). Pour la version française de *Rock-a doodle* (*Rock-o-rico*), film d'animation américain de Don Bluth, Bergman signe les adaptations des titres chantés, dont quatre sont interprétés par Eddy Mitchell.

bien ensemble, que ce soit pour une adaptation ou une chanson originale (une période débutant avec « Bobby McGee » en 1972 et, épisodiquement, jusqu'à l'album *Ici Londres* en 1989).

Dès mes débuts, j'ai commis les paroles des chansons. Mon premier texte est « Vivre sa vie ». Cosigné avec Gisèle Vesta[4] pour Les Chaussettes noires, il raconte les problèmes d'un ado grandissant face à ses parents. C'est avant tout un titre pour mômes sans prétention et adapté de « Gee whizz it's you » de Cliff Richard et ses Shadows. Un peu plus tard, avec « Repose Beethoven », ma version du « Roll over Beethoven » de Chuck Berry, je me souviens m'être bien amusé à faire du célèbre musicien classique l'ancêtre de Jerry Lee Lewis. Pourtant, ce n'est pas moi qui l'ai signée. En effet, la même année, en 1964, le texte d'une adaptation de ce titre est déjà déposé pour Johnny, enregistré sous le nom d'« Au rythme et au blues ». Une curieuse pratique qui mérite explication : les éditeurs musicaux américains d'alors ne touchaient les droits d'une chanson en France que lorsque cette dernière bénéficiait d'une adaptation dans notre si belle langue, et ce, même si elle n'était *in fine* jamais chantée – c'est pourquoi les Américains cédaient toujours très

4. Angèle Lespinasse, alias Gisèle Vesta, a écrit quelques adaptations pour Johnny Hallyday (« Une boum chez John », « Comme l'été dernier », « Qui aurait dit ça ») et Les Chaussettes noires (« Be-Bop-A-Lula », cosigné avec Claude Moine). Elle est l'épouse du parolier André Salvet.

rapidement les droits. Le résultat donnait parfois des choses saugrenues, voire imbéciles, comme le « Rip it up » de Little Richard (on peut lui préférer la version de Bill Haley, ce qui est mon cas) devenant « Vas-y donc, mon vieux canasson ». C'est marrant, mais pour ce qui est de le chanter, hors de question ! Mais la chanson avait au moins le mérite d'être représentée grâce à l'adaptateur, qui touchait un petit taux sur les ventes françaises. On pouvait changer le contenu, bien sûr, mais le premier parolier restait le signataire du texte pour la ou les versions françaises. Ainsi, « Repose Beethoven » est signé Manou Roblin[5] et non Claude Moine, pour des paroles n'ayant absolument rien à voir avec celles de Johnny. Heureusement, cette coutume étrange a aujourd'hui disparu.

Je n'écris jamais dans l'urgence. Quand j'arrive en studio, pas question de faire attendre les musiciens et les techniciens. Je refuse qu'on perde du temps à cause de l'« auteur » en mal d'inspiration, qui noircit du papier dans son coin. Il m'est arrivé de finir un texte la veille ou le matin même, ou de trouver le mot manquant peu de temps avant d'enregistrer. Mais je m'arrange pour terminer à l'hôtel, et là je n'emmerde personne. J'ai rarement

5. Chanteuse puis parolière, Manou Roblin a écrit pour de nombreux artistes dont Johnny Hallyday (« Belle », « Frankie et Johnny », « Johnny reviens », « Carole »...), Dalida, Richard Anthony, Henri Salvador et tant d'autres.

dû me confronter à ce genre de situation imprévue. En fait, en 1991, c'est arrivé une fois, pour le duo avec les Neville Brothers. Je passais sur scène au festival de Nyon le même soir que ce groupe. Je rencontre au déjeuner Aaron Neville, leader et chanteur de cette joyeuse bande, et lui témoigne mon admiration – et plus précisément à propos de « Tell it like it is », chanson que j'aime beaucoup. Il m'explique que le titre fait partie de leur répertoire et que, si je veux, je peux venir me joindre à eux pour l'interpréter. Chantant en français, je vois mal comment répondre à cette invitation. Il me rétorque que lui gardera sa partie en anglais, et que je n'ai qu'à écrire un texte en français. À 15 heures, je rentre à l'hôtel pour me mettre au travail. À 19 heures tapantes, nous répétons dans les coulisses. Puis, habillés et maquillés, nous chantons deux heures plus tard notre duo qui s'intitule « Dis-toi que ça existe ». Ce dernier figure sur un de mes albums live, et je dois dire qu'en le réécoutant (ce qui m'arrive peu souvent), je repense à cette soirée avec le sentiment d'avoir été un équilibriste.

Pierre Papadiamandis officie déjà depuis plus d'un an en tant que pianiste au sein de mon orchestre. Un beau jour de 1966, ce grand timide me fait écouter ses compositions. Et là, je tombe à la renverse en découvrant ce qui allait devenir « J'ai oublié de l'oublier ». Une bien jolie musique qui donne naissance à notre tandem. Et qui m'a donné envie de travailler plus souvent des chansons originales. Ne croyez pas que ce duo ne se chamaille pas quelquefois. Je me rappelle que pour « La dernière séance », Pierre n'était pas très heureux du texte. Il trouvait le contenu trop intime et me disait que j'avais déjà abordé le sujet dans une chanson intitulée « C'est OK », dont l'un des couplets évoque un cinéma qui ferme. Mais, à mes yeux, ce n'était qu'anecdotique dans ce titre. Et lui en rajoutait : « Mais qui ça va intéresser ? » La réponse du public a pourtant été immédiate. Comme quoi, on ne sait jamais d'avance ce qui sera un bide ou un succès.

Dans toute ma discographie, « Le cimetière des éléphants » est la chanson dont je suis le plus fier. Elle est antimacho, humble, et la musique est tout simplement superbe. D'ailleurs, j'ai toujours adoré entendre le chorus du saxophoniste à l'œuvre dans le morceau, d'une grande sensibilité. Quel talent ! À force d'en parler, Pierre m'a avoué, bien des années après, que c'était lui qui avait écrit note pour note ce solo. Sa modestie me surprendra toujours. Dans un autre registre, on trouve aussi des textes à oublier. À l'époque des Chaussettes noires et des adaptations, ça ne manque pas. « Hey Pony », « Le temps est lent » et beaucoup d'autres ne sont pas restés dans les mémoires, on comprend pourquoi. Côté chansons originales, « Ma première cigarette » est très mauvaise, « Où étais-tu ? » ne proposait pas vraiment de paroles intéressantes, et que dire de l'arrangement étrange façon tzigane. Mais je m'amusais à tenter des trucs nouveaux. Le résultat de ces expériences (c'était la mode à cette époque, d'autres chanteurs se hasardant aussi dans divers registres) n'est pas toujours celui espéré.

Je me suis essayé aussi, mais sans succès, à l'écriture de scripts. Ma première tentative date de 1970 et s'intitulait *Sale Apache*, coécrit avec mon ami Paul Gégauff[6]. On y suivait le parcours d'un vétéran de la guerre d'Algérie, devenu complètement fêlé. En effet, le type se baladait dans Paris avec des colts dissimulés sous son manteau et descendait des policiers, qu'il provoquait auparavant en duel. Il se faisait piéger devant un cinéma proposant un festival western des plus alléchants. Autant vous dire qu'à cette époque, cette histoire n'a intéressé personne. C'était peut-être un peu tôt de montrer un ancien d'Algérie rendu complètement marteau comme personnage principal. Cet antihéros restera dans mes cartons. Bien plus tard, je renouvelai l'expérience avec *Rêve américain*. Ce scénario s'intéressait à trois mômes habitant Boulogne-sur-Mer. Passionnés de cinéma américain (décidément), ils font un pacte de sang et se jurent que les cendres du premier

6. Écrivain, scénariste et dialoguiste, Paul Gégauff a rédigé de nombreux scripts pour Claude Chabrol (dont *Les Cousins*, *À double tour*, *Les Bonnes Femmes*, *Que la bête meure*), mais aussi pour René Clément (*Plein soleil*), Barbet Schroeder (*More*, *La Vallée*) ou Alain Jessua (*Frankenstein 90*).

décédé seront éparpillées par le reste de la bande à Monument Valley (Arizona). Devenus adultes, l'un d'eux meurt, un autre a disparu quelque part aux États-Unis et il faut le retrouver. Le dernier copain va traverser toute l'Amérique avec son urne sous le bras, parlant même aux restes de son camarade qui lui répond. S'ensuit un *road movie*, où l'on rencontre l'impériale Violette, une prostituée tahitienne servant d'interprète au héros qui ignore tout de l'anglais, mais aussi un Canadien cinglé voulant à tout prix faire la guerre du Viêtnam. Fier d'avoir l'accord de Thierry Lhermitte et Catherine Frot pour les rôles-titres, j'ai donc présenté mon scénario aux chaînes de télévision. Personne n'en a voulu. Ils n'aimaient pas l'idée qu'un film français parle anglais pendant 60 % de la projection – cela supposait des sous-titres – et que les trois quarts du film se déroulent de nuit. Tant pis.

J'ai également signé des livres. Le premier, *Galas, galères* (1979), est une autobiographie amusante – mais peut-être prétentieuse, car je n'avais alors que 36 ans. Le second, *Cocktail Story* (1986), est un livre de recettes sur ces précieux breuvages, ponctué d'anecdotes cocasses – tout du moins je l'espère. Pratique, l'objet est devenu culte pour la plupart des barmen de France. *Il faut rentrer maintenant* (2012) est un bouquin retraçant mes nombreux entretiens, menés de main de maître par Didier Varrod – je n'ai eu aucun travail d'écriture à fournir ! J'ai pris un réel plaisir avec *P'tit Claude* (1994), mélange de fiction et d'éléments autobiographiques, qui m'a permis de me rapprocher de mon père. Ç'a été un moment très agréable.

Voilà, vous en savez maintenant plus sur ma cuisine interne !

F

Famille

« La vie était sûrement différente,
mais on rigolait de tout, de choses anodines,
sans jamais se moquer et toujours avec gentillesse. »

En qui me concerne, la famille, c'est les enfants d'abord. Lorsque l'on me demande : « Comment avez-vous élevé votre progéniture ? », je m'énerve très vite. On suit ses enfants tout en restant à leur écoute. C'est une relation réciproque où chacun peut parler de ses soucis, mais aussi de ses joies. On ne se force pas à entretenir un dialogue. Je suis dans un échange perpétuel avec mes filles et mon fils. Je le dis haut et fort, je ne me suis pas reconverti en éleveur et ne possède en aucun cas un cheptel. « Élever ses enfants » est une bien vilaine expression de la langue française, qui suppose qu'un jour je serai susceptible de les vendre ou de les bouffer. Ce que je n'ai jamais envisagé, on s'en doute.

J'ai donc trois beaux chérubins, adultes depuis fort longtemps (ils ont entre 38 et 58 ans). Les deux premiers sont nés du mariage avec Françoise, mon ancienne épouse que je salue au passage (les termes « d'un premier lit » sont tout aussi moches). L'aîné, Eddy, m'a gaulé mes passions et est un vrai *movie freak*, il bouffe littéralement de la pellicule. Si lui possède certains traits de mon caractère, celle qui me ressemble le plus est Maryline, la cadette. En plus de mon tempérament, elle a hérité de mon humour et s'est découverte chanteuse sur le tard. Une surprise qui a été l'occasion d'un duo dans l'album *La Même Tribu*[1]. Un vrai plaisir. Elle est également la mère de Théo, mon petit-fils à qui je claque la bise – il est aussi musicien, dans le Secret Value Orchestra, un groupe de musique électronique influencé par le jazz-rock d'Herbie Hancock à qui je souhaite le meilleur. Pamela, la petite dernière, est un mix entre sa mère Muriel et moi. Elle m'a vu en cuisine, et m'a emprunté le goût des fourneaux, surtout pour mes recettes de pâtes, ainsi qu'un sens aigu de l'amitié et de la convivialité envers les personnes qu'elle aime. J'en profite pour les embrasser tous les trois.

La famille, c'est aussi mes parents, pour lesquels je garde une grande tendresse. Ma mère était employée de banque et travaillait au Crédit

1. Dans le volume 1 de *La Même Tribu*, sorti en 2017.

lyonnais. Elle se levait le matin à 6 heures et préparait déjà le repas familial du soir. De retour vers 19 heures, on mangeait tôt, car mon père avait des horaires décalés. Le week-end, direction le théâtre du Châtelet (et de temps en temps La Gaîté-Lyrique ou Mogador) pour cette fan d'opérette, avec moi, son petit dernier, sous le bras. De Georges Guétary à André Dassary et surtout Luis Mariano, elle ne ratait jamais une occasion, même si le spectacle était assuré par des remplaçants (non moins talentueux), comme Rudy Hirigoyen[2]. On est loin de Bill Haley ou de Freddie Bell et ses Bellboys[3], je m'ennuyais parfois sévèrement, il faut l'avouer. Ces sorties se sont arrêtées un beau jour vers mes 7 ou 8 ans. Nous étions partis voir Mariano dans *Andalousie*, si ma mémoire est bonne. Après l'intro chantée par le chœur, le ténor entre sur scène et déclame en roucoulant : « Grenade, me voici ! » Et là, j'explose de rire. Très vite, je m'aperçois que je suis le seul dans la salle à succomber à cet effet comique involontaire. Ne pouvant m'arrêter, nous avons dû sortir pour

2. Rudy Hirigoyen (1919-2000) est un ténor ayant œuvré dans beaucoup d'opérettes originales (*Le Brigand d'amour*, *Les Caprices de Vichnou*, *Viva Napoli*, etc.). Il remplaça Luis Mariano de nombreuses fois (notamment pour *La Belle de Cadix*, *Le Chanteur de Mexico*, *Le Prince de Madrid*).

3. Freddie Bell and his Bellboys est l'un des premiers groupes blancs de rock and roll. Construits sur un style proche de Bill Haley, ils sont surtout connus pour « Giddy up a ding dong » et leur version de « Hound dog » (un titre plus tard repris par Elvis Presley).

ne pas déranger le public. Désormais, ma mère ira voir seule ses chanteurs lyriques. Nous étions complices. Elle était la seule du cercle familial à s'intéresser aux artistes de music-hall. Alors, évidemment, j'ai eu quelques remarques en devenant une Chaussette noire, du genre : « T'as vu comment tu es habillé ? », mais je n'y prêtais jamais attention et elle le savait. En vérité, elle rêvait qu'un jour je devienne peut-être Luis Mariano. Navré. Je me souviens, quand Johnny a débuté un an avant moi, il devait monter sur scène à l'Alhambra. Mon ami, comme nous tous, n'avait pas un rond, et je voulais lui offrir une chemise pour son spectacle. Elle était rose, et ma mère l'a retouchée sur mesure, cousant des chaînons un peu partout. Pour elle, mon copain devait en « jeter » pour sa première prestation.

Mon père n'avait pas un emploi du temps très synchrone avec le reste du cercle familial. Il se levait à 4 heures du matin pour aller travailler dans les ateliers de la RATP afin de réparer et d'entretenir les bus. De retour à la maison vers 14 heures, il lui arrivait parfois de dévorer le dîner du soir concocté par ma mère. Pour remplacer le repas ingurgité, il préparait des œufs en meurette et du pain grillé gratté à l'ail. Puis il venait me chercher à l'école et direction le cinéma. Adieu, devoirs et cahiers de notes, et à nous le nouveau Gary Cooper (ou Eddie Constantine, si je ne l'avais pas vu le matin à la première séance du California). Il était aussi farceur. Quand il ne m'attendait pas à la sortie, je rentrais seul à la maison. Dès qu'il entendait le bruit des clefs dans la serrure, il se planquait dans notre placard et me sautait dessus déguisé en pirate. Un long duel à coups de règles à calculer et de rigolades s'engageait alors entre nous. Parfois, le corsaire laissait place au boxeur (sport que mon père a pratiqué un temps) et, malgré les gants, je pouvais prendre une bonne beigne malencontreuse. Son humour me revient souvent en tête. Des phrases comme « Avec un bon vin d'Espingouin, vous nettoyez vos carreaux, avec un mauvais, vous les rayez », « Ma pipe et ma femme, je le proclame, sont des bijoux dont je suis fou. Mais ma pipe d'abord », ou encore, à la fin d'un bon repas, « À moi les femmes qui fument et qui pètent dans la soie » restent inoubliables. Lui n'était pas du tout branché musique au contraire de ma mère, il préférait le cinéma d'aventures américain, ou un cinoche populaire français, et surtout la littérature et le catch. Ah, si j'avais côtoyé l'Ange Blanc[4] sur grand écran, là, il aurait été fier de son rejeton. (Mal)heureusement, ce champion du ring n'a jamais tenté une carrière cinématographique.

J'étais aussi entouré de ma sœur, Gisèle, et de mon frère, Pierre, âgés respectivement de neuf et sept ans de plus que votre serviteur. L'aînée m'a

4. Catcheur français connu dans les années 1950-1960.

toujours intrigué, ce qui ne m'empêche pas de lui porter beaucoup d'affection. Quand j'étais môme, je fermais souvent la porte de sa chambre alors qu'elle faisait hurler la radio (et pourtant, ce n'était pas du rock and roll), sur du André Claveau ou du Tino Rossi. Tout en se pomponnant et en se coiffant, elle attendait le Prince charmant. Aïe, j'ai donc souffert de ces chansons romantiques. Mais je lui ai pardonné (il faut savoir être bon parfois). Éternelle rêveuse, ma frangine est encore aujourd'hui une midinette dans sa tête. Rien de péjoratif d'ailleurs dans ce terme, elle reste toujours très attentive aux problèmes des têtes couronnées et des célébrités. Les difficultés politiques ou économiques, même celles pouvant la concerner, elle s'en fout, du coup, le temps ne semble pas avoir prise sur sa personne. Ayant les pieds sur terre, elle vieillit très bien et garde une énergie étonnante.

Ma mère nous a tous fait entrer au Crédit lyonnais. Mon frère n'y a pas échappé. C'était un type formidable. Il rentrait souvent le dernier pour dîner et ensuite m'emmenait au cinéma. Eh oui, c'est une maladie contagieuse chez les Moine. Me voilà donc reparti me taper une toile avec Pierre, tout fier d'être avec lui. On allait voir *Les Aventures du capitaine Wyatt*[5], comme plus tard *La Revanche*

5. Western en couleurs réalisé par Raoul Walsh en 1951, avec Gary Cooper.

de Frankenstein[6], car il aimait bien les films d'horreur. Malgré son job et ses sorties (il avait un certain succès auprès des dames), mon frangin avait envie de voyager, de voir du pays et d'autres cultures. Du coup, il s'est engagé dans l'armée, direction le Maroc. Mais la guerre d'Algérie n'a pas tardé à arriver. Comme beaucoup de familles françaises, nous vivions dans une angoisse perpétuelle. Des souvenirs pénibles pour mes parents, ma sœur et moi. Et plus les jours passaient sans nouvelles, plus la pression montait. Tout le monde subissait ça et ne pouvait rien y faire. Au-dessus de vous, il y a l'État, qui, quoi qu'il arrive, reste le plus fort. État qui contrôlait alors les médias et diffusait une actualité revisitée (on ne parlait jamais de batailles, mais de légères escarmouches, la vérité et les atrocités de cette guerre n'ont été connues que bien plus tard). De cette période, j'ai tiré un principe auquel je me tiens : ne jamais faire confiance à un homme politique. Après trois ans sous les drapeaux, Pierre revint en France. Il avait beaucoup changé, il n'était plus le même. C'était la fin d'une jeunesse, gâchée par les exigences du drapeau français. Mais le pire, ce furent les mois qui suivirent. La peur d'être rappelé lui bousillait ses nuits. Ouf, ce n'est

6. Film britannique d'horreur et en couleurs, signé Terence Fisher (1958), avec Peter Cushing. Ce film est la suite de *Frankenstein s'est échappé*, où l'on retrouve la même équipe (metteur en scène, producteur et scénariste) et interprète pour le rôle du célèbre baron.

pas arrivé. Mais il en a mis du temps à oublier ses craintes. Et puis, il faut imaginer le choc quand il est rentré : la France était passée du cha-cha-cha au rock and roll. Il y a de quoi être bouleversé.

Si le foyer était loin de rouler sur l'or dans cet appartement avec seulement deux chambres, tout ce petit monde s'aimait beaucoup et riait sans cesse. La vie était sûrement différente, mais on rigolait de tout, de choses anodines, sans jamais se moquer et toujours avec gentillesse, que ce soit des voisins ou de nous-mêmes. Sans tomber dans une nostalgie facile, cette période reste inoubliable.

Mes grands-parents, du côté maternel, habitaient Abbeville, où je passais enfant mes vacances. Surnommé « la bête humaine », Fernand, mon grand-père, conduisait des locomotives. Lorsqu'il revenait du boulot, on ne voyait que ses yeux bleus sur sa figure repeinte à la poussière de charbon, alors que ses vêtements étaient parsemés de nombreuses escarbilles. Immédiatement, il partait se laver pour revenir en costume (chemise blanche, nœud papillon, montre avec gousset et chaîne sortant d'une poche de pantalon) pour le dîner. Plutôt drôle, il me faisait pourtant parfois un peu peur lorsqu'il disait : « Tiens, le ciel est rouge, il y aura la guerre demain »... mais il me prenait sur ses genoux pour me raconter des histoires et me faire oublier le « danger » proche. Jeanne, ma grand-mère, avait des cheveux magnifiques descendant presque jusqu'aux genoux. Adorable, elle me surprenait pourtant en mangeant sa viande à l'aide de sa mâchoire : n'ayant plus de dents, elle compensait, comme quoi on n'était pas très coquet à l'époque. Il y avait aussi Mathilde, ma grand-mère paternelle qui habitait à Paris, boulevard Ornano. Femme plutôt forte, elle gardait un visage d'enfant. Amusante et d'une rare bienveillance, elle me donnait toujours une pièce pour que j'aille m'acheter une bande dessinée ou voir un film. Son appartement était situé à côté de l'Ornano 43 (avant que cet établissement ne devienne un cinéma porno puis une salle de spectacle), où j'ai pu voir en après-midi *Duel sur le Mississippi*[7]. Tout un programme.

La meilleure pour la fin : mon épouse. Personnage totalement hors du commun, Muriel est quelqu'un d'insaisissable et d'inattendu, elle va au-devant de choses qui souvent me dépassent. Elle est simplement extraordinaire. Mais elle est également pudique jusqu'au bout des ongles, aussi je n'en dirai pas plus.

---

7. Western en couleurs de William Castle (1955), avec Lex Barker et Patricia Medina.

G

Gastronomie

« Par contre, j'ai une profonde admiration pour ces chefs remarquables, passionnés par un travail qui commence à 4 heures du matin et qui se finit à minuit. »

Au cours des années et des tournées, j'ai fréquenté de nombreux grands restaurants, qui m'ont laissé des souvenirs mémorables. Toutes ces saveurs exquises ont développé mon palais et mon odorat, me rendant gentiment gourmand. Au départ, il y a la cuisine dite familiale. Et dans ce genre-là, ma mère était un cordon-bleu, sachant mitonner divinement des plats traditionnels (rôti de veau, pot-au-feu...). Quand je suis parti sur les routes, mon intérêt pour la cuisine m'a amené à rencontrer de grands chefs avec lesquels j'ai sympathisé. J'ai également eu la chance de faire plus tard un film intitulé *Cuisine américaine*[1], l'occasion de rappeler ces gens qui m'avaient montré quelques secrets de leurs cuisines. Des camarades comme Jean Bardet et Guy Savoy m'ont appris plein de petits réflexes pour ce rôle de grand cuisinier (certes truculent). De la façon de présenter un plat, de donner des ordres à ses adjoints, de choisir ses produits ou d'avoir les mains et les poignets rasés, tous ces bons conseils m'aidèrent considérablement à devenir un des leurs.

J'adore la grande cuisine, mais je suis incapable de manger tous les jours cette grande gastronomie, même légère. Mon estomac s'y refuse. Par contre, j'ai une profonde admiration pour ces chefs remarquables, passionnés par un travail qui commence à 4 heures du matin et qui se finit à minuit. En tournée, nous pouvions avec Claude Wild, mon coproducteur pour la scène, faire un détour de plus de 100 ou 150 kilomètres pour ces plaisirs de la table, à commencer par celle dressée par Jean Bardet et son magnifique hôtel-restaurant à Tours. En plus, ce dernier me demandait à chaque fois mon heure d'arrivée, qui généralement tournait autour de 1 heure du matin. Nos clefs de chambre nous attendaient avec un petit mot nous indiquant qu'une poularde truffée était prévue à notre intention en

1. Comédie de Jean-Yves Pitoun (1998), avec Eddy Mitchell, Jason Lee et Irène Jacob.

cuisine, il n'y avait plus qu'à la faire réchauffer. Un chouette frichti comme on n'en voit pas tous les jours ! Un soir, à la même heure, nous sommes surpris de voir le restaurant encore ouvert ; c'est en fait une grande tablée d'une douzaine de personnes qui s'attardent. Nous nous asseyons et demandons à Sophie, l'épouse du restaurateur, ce qu'il est possible de manger sans trop déranger. Alors que les derniers clients réclament l'addition, une femme parmi eux désire remercier le chef. Bardet arrive peu après, nu sous son tablier (à cause de la chaleur élevée des fourneaux en cuisine), l'œil mort et le cigare au coin des lèvres. La cliente se lance alors dans un grand discours, vantant le raffinement de leur menu et n'en finissant pas. Son pauvre mari décédé était lui aussi de la partie, précise-t-elle, elle sait donc bien quel travail cela représente. Le chef s'endort à moitié et sursaute lorsqu'elle lui pose la question :

« Et vous, comment faites-vous pour tenir ce rythme infernal ? »

La réponse ne se fait pas attendre. Bardet soulève son tablier pour s'essuyer les yeux, laissant apparaître son appareil génital, et s'exclame :

« Oh, moi, ce n'est pas dur, madame. Le soir, c'est une soupe, une tape sur les couilles et au lit. »

Autant vous dire que la conversation s'arrêta aussi sec. Ça aussi, c'est digne des grands chefs, il vaut mieux les féliciter au moment du déjeuner plutôt que tard dans la nuit.

Difficile cependant de retenir un plat qui m'aurait marqué particulièrement. Tout ce que cuisine Guy Savoy, par exemple, m'enthousiasme. Son consommé truffe et artichauts avec une lamelle de parmesan est extraordinaire et reste un classique pour moi. J'aime aussi l'approche écologique d'un Marc Veyrat qui impose sa patte dans des plats inoubliables. Sa recherche des saveurs à travers les plantes et les herbes est incroyable. C'est une espèce de Merlin l'Enchanteur du goût.

Je ne me suis jamais lancé moi-même dans ces plats fins et compliqués, il faut laisser ça aux professionnels. Par contre, il est vrai qu'en famille je mets de temps à autre le tablier. En toute simplicité, mes pâtes sans eau, mes vrais cheese-burgers (avec le ketchup maison) et mes frites à la provençale rencontrent un franc succès. Des pâtes sans eau ? Qu'est-ce que c'est donc que ce truc ?... Vous devinant interloqués, je vous dévoile la recette en passant :

> D'abord les ingrédients (pour quatre personnes ou trois gros mangeurs) : 1 paquet de 500 grammes de *penne* (de préférence de la marque « De Cecco »), 2 kilos de tomates, 3 gousses d'ail, 1 oignon, 3 carottes, 100 grammes de beurre, 1 branche de céleri, 200 grammes de petits pois,

2 belles tranches de bacon, 5 feuilles de basilic, 1 cuillère à soupe d'huile d'olive, 2 cubes de bouillon de bœuf, une demi-bouteille de vin blanc (sec), sel, poivre.

Commencez par épépiner, peler et découper en dés vos tomates. Le céleri, l'ail et l'oignon sont hachés et ciselés finement. Le bacon est découpé en lamelles, tandis que le basilic frais est aussi ciselé. Puis, dans une grande casserole, faites chauffer 1 litre d'eau, votre vin blanc et les 2 cubes de bouillon et ajouter les carottes et les petits pois. À côté, dans une grande cocotte (qui n'attache pas), faites frémir le beurre et votre cuillère d'huile d'olive. Saler, poivrer, puis faites cuire votre bacon. Maintenant, on verse les tomates, l'ail, l'oignon et le céleri. Quand votre cuisson commence à prendre, les *penne* rejoignent ladite cocotte. Dès que les ingrédients commencent à attacher, versez régulièrement (et avec amour) votre bouillon (resté dans la casserole) en touillant le tout avec une spatule en bois pendant 15 minutes. N'oubliez pas de mettre votre basilic frais au dernier moment.

C'est fini, maintenant à table. Et qu'est-ce qu'on boit avec ça ? Un bourgueil frais, un bon bordeaux ou encore un valpolicella sont vivement conseillés par la maison (pas les trois en même temps). Bon appétit !

H

Haley (Bill)

« C'est la révélation. »

Quand j'étais gosse, je n'aimais pas du tout la musique de variété française hormis Eddie Constantine, Charles Aznavour, Gilbert Bécaud et Henri Salvador. Mais, comme ces artistes passaient à la radio, je n'avais ni le besoin ni l'envie d'acheter leurs disques. Mon expérience de l'opérette grâce à ma mère ne m'avait pas du tout convaincu. Et, d'un coup, sur les ondes de la BBC, j'entends Bill Haley and His Comets et son « Rock around the clock ». C'est la révélation. Il balaie instantanément tout ce qui existait pour moi avant avec cet énorme son de batterie et de guitare, et sa voix qui balance comme personne. Et l'orchestre, comme le chanteur, mixés au même niveau. C'est la révolution, pas seulement pour le petit franchouillard que je suis, mais aussi partout ailleurs (un avis que partagent

Paul McCartney, Graham Nash, Pete Townshend et tant d'autres). Après cette écoute, je descends au Clairon de Belleville, le café du coin, et trouve la fameuse chanson dans le juke-box. Je la passe cinq ou six fois de suite – j'ai du mal à m'en remettre. Nous sommes en 1955 et c'est décidé. Il va falloir que je m'achète un électrophone pour écouter ce disque (mon premier vinyle).

Qui est donc ce Bill Haley, soupçonné à l'époque par Hoover (patron et fondateur du FBI) d'être un dangereux communiste ? Il y a de quoi sourire. Loin d'être un Sex Pistol, le chanteur est âgé de 30 ans (un vieux, alors), porte un œil de verre et a le cheveu rare, si ce n'est un accroche-cœur au sommet du crâne. Un peu bedonnant, il ressemble plus à E.T. qu'à une prétendue menace rouge. Évincé peu après par l'arrivée d'un Elvis Presley au look plus adéquat, le type a déjà une longue carrière derrière lui lorsque je le découvre. Après un premier job en 1942, où il doit chanter pour 50 cents de l'heure devant les toilettes des dames d'un grand bar et surveiller que les clients masculins n'importunent pas ces dernières, Haley court le cachet la nuit et devient même animateur radio le jour. Malgré ses passages dans diverses formations et des contrats avec de petits labels, notre héros s'essaye sans succès à une country music proche des chants tyroliens. Quelques flops plus tard, il signe chez Essex en 1951, et obtient ses premiers hits, déjà proche de ce son magique qui allait me décoiffer quelques années plus tard. Ça swingue assurément (avec des titres comme « Rocket 88 », déjà « Rock the joint » et « Crazy, man, crazy ») avec ou sans batterie. Parti chez Decca trois ans après, Haley aligne les classiques et autres incontournables. Mais, à la suite de problèmes fiscaux, il s'exile au Mexique en 1961 après une courte période chez Warner. Le restant de sa carrière se passe entre albums live et studio, reprenant systématiquement ses tubes (je dois posséder quarante-quatre versions de « Shake rattle and roll »). Rien de passionnant donc pour celui qui reste un extraordinaire détonateur et le premier rockeur blanc.

Sorti chez CID, une marque italienne implantée en France, « Rock around the clock » marche pas mal dans l'Hexagone. Du coup, Decca France (appelé London) profite de cet engouement et met sur le marché des super 45 tours (4 titres) issus de la période Essex. Je ne sais plus où donner de la tête, au secours ! Surtout que d'autres petits camarades débarquent eux aussi sur mon Teppaz. Je me mets à écouter Little Richard et Fats Domino. Décidément, pour faire du rock and roll, faut des cuivres. Mon avis changera par la suite avec Gene Vincent et Eddie Cochran, moins avec le cas Presley, que j'aimais bien mais trouvais un peu trop gentillet.

Olympia, octobre 1958. La devanture de cette prestigieuse salle de spectacle annonce Bill Haley and His Comets pour deux soirs. La file d'attente pour le premier concert est impressionnante, la police surveillant cet attroupement s'en souvient. La queue part de l'Olympia jusqu'au café de la Paix, alors que la salle est déjà pleine. Pour rentrer, une seule solution : jouer des poings (et pas seulement des épaules) – je n'ai heureusement pas besoin d'en arriver là, étant venu très tôt avec ma place serrée au fond de ma poche. Je m'installe, le spectacle commence. Les premières parties n'ont pas fait long feu. Bêtise des organisateurs : associer Bill Haley au trio harmonica d'Albert Raisner[1], puis enchaîner sur le joyeux Spartaco Sax[2], n'était pas vraiment la programmation rêvée pour les spectateurs. N'oublions pas la pauvre Odette Laure[3] et ses sketchs entre

1. Albert Raisner forme le Trio Raisner dès 1943. Très apprécié dans les années 1950 (grand prix du disque pour *Le Canari* en 1952), le groupe interprète une version de « Rock around the clock » en 1956. À partir de 1961, Albert Raisner devient producteur d'émissions de télévision et animateur pour « Âge tendre et tête de bois », « Samedi et compagnie », « Point chaud », etc.

2. Spartaco Sax (de son vrai nom Spartaco Andreoli) est un saxophoniste ayant obtenu un certain succès avec son orchestre dans les années 1950 et 1960 (« Le cha-cha-cha des thons », « Atomic rock », « Escale au Lavandou », etc.).

3. Célèbre comédienne au cinéma (*Lady Paname, La Fête à Henriette, Daddy Nostalgie*), mais également au théâtre et à la télévision, Odette Laure est également une vedette de music-hall à travers des sketchs, dont certains écrits par Francis Blanche, et aussi des chansons (« La dame du dessus »). Lors du concert évoqué de Bill Haley, l'actrice menaça le public d'appeler

deux artistes, qui se fait rapidement jeter. Le seul qui s'en sort, c'est Jean-Marie Proslier[4]. Humoriste parfois lourdingue mais talentueux, il arrive à faire rire les gens et à rester en scène. Si, au début, tout le monde hurle (« On veut Bill Haley ! »), il répond en regardant une personne du premier rang : « Ah, salut Frankenstein, comment vas-tu ? », ou, à force d'entendre crier le nom de la vedette tant attendue : « M'en fous, moi, de Bill Haley, je ne comprends pas, je ne parle pas l'anglais. » Autant vous dire que le public d'alors était nettement moins gentil que celui d'aujourd'hui, débarquant souvent armé de boulons ou de tomates. De vrais mélomanes – et un tour de force pour Proslier. Et puis arrive enfin celui qu'on attendait. Le rideau est baissé, mais les Comets commencent à jouer « When the saints go rock and roll ». L'ambiance déjà survoltée est à son comble quand le rideau se lève, le groupe court vers le public, chacun s'approprie un bout de scène. On n'avait jamais vu une telle arrivée, complètement avant-gardiste, je nage dans l'admiration. Durant le spectacle, des couples se mettent à danser dans les allées, le public se bouscule. Haley, ne faisant

---

la police pour faire évacuer la salle. Les spectateurs, sous une pluie de sifflements, l'encouragèrent à s'exécuter.

4. Second couteau du cinéma français (entre autres dans *Maxime* et *Moi y'en a vouloir des sous*), Jean-Marie Proslier (1928-1997) est un artiste de cabaret officiant depuis 1949, et interprétant de nombreux rôles au théâtre. Il obtient en 1985 le prix Alphonse Allais pour son livre *Vieucon et son chien*.

vraisemblablement pas trop la différence entre la langue de Molière et celle de Dante, demande à ses musiciens d'origine italienne de calmer les esprits. C'est bien connu, tous les Français comprennent parfaitement l'italien... Malgré ce tumulte, le show est formidable, et me laissera le souvenir d'une soirée incroyable.

Pour ma part, j'ai la chance de n'avoir dû que rarement pratiquer l'exercice de la première partie. Au tout début des Chaussettes noires, nous passions en vedette anglaise[5] du ventriloque Jacques Courtois[6] et de son canard Omer. On jouait quatre titres extraits du premier disque. Au bout de deux jours, nous étions programmés en vedette américaine[7]. Encore trois jours plus tard, face au succès rapide du groupe, Les Chaussettes noires étaient en haut de l'affiche, toujours avec nos quatre chansons qu'on doublait si nécessaire. Le public cassant beaucoup, on avait rarement l'occasion d'en jouer plus de trois, avant de repartir à l'hôtel en fourgon blindé. Plus tard, au début des années 1980, j'ai aussi chanté une unique fois à Wembley pour un festival country où je passais

5. Passer en toute première partie d'un spectacle.

6. Le ventriloque Jacques Courtois est très populaire dans les années 1950-1960 à travers sa marionnette, le canard Omer. Il est chargé par de Gaulle d'animer l'arbre de Noël de l'Élysée, et rempile par la suite sous la présidence de Pompidou et de Giscard d'Estaing.

7. Passer après la vedette anglaise et avant le spectacle principal.

avant Charlie Rich[8], un chanteur-compositeur que j'admire beaucoup. Ne comprenant pas un mot de mes chansons, les Anglais ont applaudi poliment ma prestation. Mais pas de boulons ni de tomates comme j'en avais vu au spectacle du sieur Haley.

8. Moins connu qu'un Jerry Lee Lewis ou autre rocker blanc, Charlie Rich (1932-1995) commence sa carrière chez Sun Records. D'abord musicien de séance pour le label, il écrit également « Break up » pour Lewis. Il obtient de nombreux hits par la suite sous son propre nom comme « Lonely week-end », « Who will the next fool be », « No headstone on my grave » (trois titres réinterprétés par Lewis), « Mohair Sam » et au milieu des années 1970 « The most beautiful girl ».

I

Interdit

« Le Cocoroco, boisson bolivienne qui titre à plus de 90 degrés, est interdit chez nous, une bonne chose pour ce liquide à prendre comme désinfectant. »

Je n'aime pas le mot « interdit ». Ça me rappelle trop Mai 68 et son fameux « Il est interdit d'interdire », un joli slogan mais d'une rare bêtise. Elle est bien bonne, brigadier. Attention, je n'ai rien contre Mai 68, mais je n'avais plus l'âge de me mêler aux étudiants, moi qui, à 26 ans, étais déjà depuis longtemps rentré dans la vie active. J'étais même considéré comme jaune (mais sans gilet !), car j'enregistrais en studio le jour, refusant de faire grève à la demande de certains membres du personnel. Puis je suis parti quelques jours au Canada pour la promotion de mon dernier disque et là, les événements ont pris de l'ampleur. Affolé par les images diffusées à la télé, j'appelais ma famille pour savoir si tout allait bien. Eux ne comprenaient pas mon inquiétude. En fait, je regardais ce que diffusaient les infos des télés étrangères, alors qu'eux voyaient le journal plutôt « muselé » et bien propre de notre bonne vieille ORTF, contrôlée par de Gaulle et sa bande. De retour en France, j'ai dû donner quelques galas malgré la révolution en cours. Pas longtemps cependant, vu les difficultés rencontrées pour se déplacer et l'absence d'essence dans les stations-service.

On a chacun des interdits. Joueur invétéré, il a bien fallu mettre fin à mon addiction pour le tapis vert. En effet, dès que j'avais un film ou une tournée en cours et donc que j'étais loin de chez moi, vous pouviez facilement me trouver au casino du coin dès son ouverture. Et il était très difficile de me faire quitter la table. Quand je perdais, je voulais toujours me refaire et, si je gagnais, hors de question de partir. Même si, finalement, je n'y ai pas sorti beaucoup d'argent, obtenant même souvent un léger gain, j'y ai perdu des heures, pour ne pas dire ma vie. Pour s'en sortir, une seule solution : se faire interdire de jeu. Ma femme, n'en pouvant plus de m'entendre raconter ma vie de joueur, m'a mis face à une réalité. C'était le casino ou elle. J'ai pris une grande décision lors du tournage d'*Attention, une femme peut en cacher une autre !*[1] Arrivant à Deauville en

1. Comédie réalisée par Georges Lautner en 1983, avec Miou-Miou, Roger Hanin et Eddy Mitchell.

après-midi, le temps de déposer ma valise à l'hôtel, j'ai immédiatement pris la direction du casino de la ville. La salle était déserte, normal en plein hiver. Par contre, le personnel était ravi de me voir. J'ai vu leurs yeux de vautour alléché tandis qu'ils m'accostaient : « Bonjour, monsieur Mitchell, quelle joie de vous voir, roulette ou black-jack ? » La discussion avec mon épouse avait fait du chemin dans mon cerveau, j'ai donc répondu sans hésitation : « Non, c'est pour me faire interdire. » On imagine les mines déconfites des employés. Depuis, rien. Pour preuve, il y a quelques années, de passage à Las Vegas, j'ai eu l'opportunité de jouer au poker dans une salle privée. À l'entrée, après avoir vu mon passeport, un type a consulté un fichier et m'a demandé si je désirais lever l'interdiction toujours en cours. Rien de bien compliqué : il suffisait d'écrire une attestation comme quoi j'étais sain de corps et d'esprit et voulais donc mettre fin à ma volonté précédente. J'ai fait demi-tour, et sans regret.

J'ai finalement peu d'interdits. S'il y a bien une chose que je ne tolère pas autour de moi ou dans ma maison, c'est le racisme. Je ne peux pas comprendre ce sentiment. Né à Belleville, entouré de voisins arabes, antillais ou asiatiques, ce mélange des peuples à proximité m'a inculqué d'autres cultures et surtout un respect pour l'autre. La xénophobie et le nationalisme à haute (ou petite) dose sont proscrits dans mon univers. C'est donc interdit, et même « démodé », pour citer mon ami Johnny, un jour qu'un journaliste lui demandait ce qu'il pensait du racisme.

Les mauvais alcools sont aussi bannis de mon estomac pour toujours. Tous les produits régionaux, prétendument faits maison, également. Sans devenir aveugle pour autant, si vous arrivez à marcher après un (ou deux) marcs de Provence, c'est un exploit. Malheureusement, l'absinthe, longtemps interdite en France, a fait son retour depuis 2011. Il faut savoir que ce spiritueux a rendu fou le XIXe siècle. Verlaine, Manet, Degas, Van Gogh et toute leur génération en abusaient largement (Hemingway et Picasso ont, eux aussi, dégusté plus tard la « fée verte »). La boisson titrait à cette époque les 75 degrés, aujourd'hui, elle affiche tout de même entre 50 et 60 degrés, je m'interdis donc ce breuvage, délicieux au demeurant. Le Cocoroco, boisson bolivienne qui titre à plus de 90 degrés, est aussi interdit chez nous, une bonne chose pour ce liquide à prendre comme désinfectant.

Même si je connais de nombreuses exceptions, il est difficile de sympathiser avec un Américain. Car, généralement, au bout de dix minutes de conversation, il vous demande « combien vous faites » par an. J'ai beau répondre que la douche, chez moi, c'est tous les jours, la personne insiste sur le revenu financier annuel. Étant latin, j'évite le sujet, ne glorifiant aucunement le dieu dollar et détestant les gens qui jasent à ce propos ou exhibent leur pognon. Une attitude qui devrait être interdite.

Et l'interdiction de fumer ? Imaginons qu'un jour on oblige les gens à fumer, ce serait grave, non ? Blague à part, même si cela me gêne énormément, je comprends cette restriction dans des espaces clos comme l'avion ou le train. Pareil pour les restaurants, hors de question d'incommoder les clients. En revanche, à l'extérieur, il est nécessaire de pouvoir garder cette liberté. En France, c'est permis, mais, par contre, aux États-Unis, la guerre antitabac a commencé depuis des décennies. Il y a déjà une bonne vingtaine d'années, nous sortons avec mon fils d'un restaurant à San Francisco pour fumer moi un cigare et lui une cigarette. Dans la rue, une femme obèse, s'approchant peut-être trop près de la fumée, nous prend à partie et nous insulte. Après nous avoir expliqué que fumer, c'est mal, et qu'il y aurait bientôt des trottoirs fumeurs et non fumeurs, elle menace d'appeler un agent, tout en éructant en guise de ponctuation. On lui répond qu'elle ferait mieux de manger moins de hamburgers si elle est tant préoccupée par sa santé. Là-dessus, elle hèle un policier. Ce dernier arrive et, amusé par les détails de la situation et sans doute agacé par cette dame très arrogante, nous laisse partir. Comme quoi, les États-Unis, c'est plus ça.

J

Johnny

« Si la presse d'une certaine époque nous a souvent opposés, dans la vie, nous n'avons jamais été rivaux. Bien au contraire. »

J'ai eu la chance d'avoir un ami avec lequel j'ai partagé cinquante-neuf années d'amitié. J'imagine que ce genre de relation est assez rare, quel que soit le métier exercé ou le parcours de chacun. Ce lien remonte à notre tendre adolescence vers la fin des années 1950, et a pourtant mal commencé. Invité à une surprise-partie près de la place de La Trinité, où chacun est prié d'apporter ses disques, je prends avec moi quelques précieux 45 tours triés avec soin. Gene Vincent, Bill Haley, Jerry Lee Lewis et Little Richard sont donc de la fête. Quelques heures plus tard, alors que je décide de rentrer, je veux récupérer les fameux vinyles. Et là, plus rien, j'ai beau les chercher partout, ils restent introuvables.

Très énervé, je dévale les escaliers de l'immeuble, croyant peut-être apercevoir mon voleur en train de courir. Arrivé en bas, je vois un énergumène discutant avec la concierge. Il lui tend mes disques, en disant : « Vous pourriez me les garder ? Je passerai les prendre demain. » Immédiatement, je me jette sur mes biens et assène une gifle (largement méritée) au chapardeur. Malgré son acte de mécréant, il a plutôt bon goût. J'entame donc une conversation avec ce jeune homme timide et apparemment gêné, répondant au nom de Jean-Philippe Smet. Il se confond en excuses et enchaîne sur le fait qu'il est lui aussi fan de rock and roll, ce qui est loin d'être commun à ce moment-là. Cette passion va rassembler ces deux gamins âgés de 15 et 16 ans. Nous nous amuserons plus tard, sur la scène des Vieilles Canailles, de ces souvenirs. Un jour, allant chez lui, je découvre qu'il joue de la guitare et possède de nombreuses partitions des succès de nos chanteurs préférés. Et, en plus, il me prête très gentiment son 45 tours américain de « Don't knock the rock » de Bill Haley (encore lui). Un geste qui scelle notre amitié.

On se voit souvent, avec Long Chris[1], un ami commun, et bien sûr au Golf-Drouot, notre lieu

1. Christian Blondieau, alias Long Chris, est un chanteur de rock français. Ami proche des deux adolescents, ce jeune homme organise à l'époque un trafic de disques avec des soldats du SHAPE (le haut commandement européen de l'OTAN, aussi appelé Supreme Headquarters

de prédilection où l'on apportait nos disques. Plus tard, il deviendra Johnny Hallyday, et moi, quelques mois après, Eddy Mitchell. Si nos emplois du temps respectifs nous éloignent, nous restons en contact. Au milieu des années 1960, c'est surtout au hasard des tournées que l'on se retrouve. Je me souviens qu'un jour, je chantais pas très loin de Toulon, alors que lui donnait un spectacle dans la ville même. Il trouve le téléphone de l'endroit où je passe et m'appelle (on ne se joignait pas facilement alors), me propose qu'on dîne ensemble avec nos équipes après nos galas. Difficile de dénicher au débotté un restaurant acceptant de nous recevoir si tard, aussi, Johnny réserve finalement dans un bar à marins. Les gens sont ravis et préparent un coin discret pour notre venue. Une fois à table, les retrouvailles sont chaleureuses, on parle cinoche, musique, avec humour. Notre conversation est coupée par un marin qui vient

---

Allied Powers Europe, établit alors sa base militaire américaine du côté de Saint-Germain-en-Laye), échangeant des bouteilles de cognac ou de calva contre des disques. Ces vinyles surnommés « Les disques qui puent des pieds » étaient emballés dans des containers à fromage (Blue Cheese, Cheddar, etc.), format correspondant à celui du 45 tours. Également parolier pour Catherine Ribeiro, Gilles Dreu ou Herbert Léonard, Long Chris a écrit de nombreux textes de chansons pour Johnny Hallyday (entre autres « La génération perdue », « Je veux te graver dans ma vie », « Si j'étais un charpentier », « Je suis né dans la rue », « La fille de l'été dernier », « Gabrielle », etc.). Aujourd'hui spécialiste des antiquités militaires, il est un expert en ventes publiques auprès des commissaires-priseurs dans ce domaine et possède un magasin dans le Village suisse situé dans le 15e arrondissement parisien.

me demander un autographe. Vu le gabarit du gars, j'ai intérêt à m'exécuter. Puis il se tourne vers Johnny, lui réclame la même chose mais pour sa sœur. « Ah ! ouais, ta frangine je la connais, c'est une salope », lui répond mon camarade. Le bonhomme empoigne mon Jojo, qui se retrouve dans une fâcheuse position. J'alerte les musiciens et l'équipe autour de moi, nous parvenons à calmer le géant. Que s'est-il passé ? Provocation ? Insatisfaction du spectacle de la soirée ? Ou simplement pas envie de se faire emmerder à une heure aussi tardive ? Je n'ai jamais vu (ou revu) mon ami dans cet état, lui qui était si respectueux et d'une rare gentillesse envers son public.

Amis de toujours et jusqu'à la fin, nos chemins sont pourtant radicalement différents. Johnny a toujours eu envie de faire des chansons, sans jamais s'arrêter. Interprète de titres qui se seraient sans doute révélés improbables pour d'autres (je ne me vois pas sur « Mon Amérique à moi » ou dans une version d'« Ave Maria »), c'est un boulimique de musique, voulant perpétuellement se renouveler et s'essayer à différents registres, et ce, grâce à une multitude d'auteurs-compositeurs. Ce qui n'est pas mon cas… Je n'aurais jamais osé un « Que je t'aime » ! D'ailleurs, à ce propos, il y a fort longtemps, nous buvions un pot au Bar romain à côté de l'Olympia. Johnny me montre le texte de cette chanson et, là, je reste sidéré en lisant notamment

« Quand mon corps sur ton corps, lourd comme un cheval mort ». Un canasson crevé, ça pue très fort, et c'est une masse difficile à bouger… J'ai beau lui dire que l'image n'est pas très flatteuse pour lui, qu'il faut changer, je vois bien qu'il ne me prend pas au sérieux derrière son regard amusé. « Que je t'aime », c'est aujourd'hui des millions de disques vendus, une bonne raison donc de ne pas tenir compte de mes conseils ! Il faut quand même dire qu'il était rare que l'on se demande notre avis l'un et l'autre sur ce que nous étions alors en train de faire. Et moi plutôt deux fois qu'une après mon fameux commentaire sur sa chanson phare.

Sur scène, j'arrive avec des chaussures bien cirées, un costume propre et je chante mes petites chansons, racontant mon univers. Vous accrochez ou pas. Johnny, lui, se jette littéralement par la fenêtre à chaque fois qu'il fait un spectacle. Ça passe ou ça casse. Showman incroyable, il se transforme tour à tour au fil des ans en Elvis Presley, puis en hippie, en ange aux yeux lasers, avant de devenir Mad Max. En live, Johnny n'est plus un interprète mais un véritable acteur-caméléon, endossant un personnage différent pour chacune de ses chansons. Sans parler du gigantisme et de la démesure des décors de ses concerts, se trimbalant de stade en stade ; mon ami aime soigner ses entrées, fendant la foule du Parc des Princes pour rejoindre la scène ou arrivant dans une main géante qui s'ouvre avec lui à l'intérieur – c'est un spectacle dont je me souviens particulièrement. À l'époque, j'enregistre un album à Nashville, quand Johnny m'appelle. Il me demande de lui rapporter une guitare faite sur mesure et me fait parvenir une photo du modèle et quelques indications, dont l'adresse d'un formidable luthier dans la capitale de la musique. Sur place, je me rends chez cet artisan qui m'explique que, pour ce modèle à douze cordes, il lui faut près de trois semaines pour la fabrication. Pas de problème, je suis là pour un moment, lui verse un acompte de 10 000 dollars et lui donne le téléphone de mon hôtel. Au moment prévu, on m'indique que l'instrument est prêt. Je vais donc le chercher et allonge 20 000 dollars supplémentaires. Le luthier, tout fier, me tend la guitare ; moi, je lui demande de la mettre dans l'étui. « Quoi ? Vous ne voulez même pas l'essayer ? » s'étonne-t-il. Je lui explique que je ne suis pas du tout guitariste et que le résultat de son superbe travail est pour un copain resté à Paris. De retour en France, je livre l'objet à mon camarade (qui me rembourse !), alors en répétition pour le Zénith. Quelques jours plus tard, je vais l'applaudir sur scène. Sorti du poing géant, il empoigne la fameuse guitare, chante sa première chanson et… balance l'instrument dans le public ! Restant bouche béante, mon menton s'est allongé. Seule et maigre consolation : j'imagine la tête du luthier s'il avait vu ça !

Si la presse d'une certaine époque nous a souvent opposés, dans la vie, nous n'avons jamais été rivaux. Bien au contraire. Tout était prétexte pour nous réunir et même chanter ensemble. En duo sur scène ou à la télé (quand je pense à celui de « Sur la route de Memphis », où nous nous étions déguisés en bagnards fumant comme des pompiers… ce serait impensable aujourd'hui !), on s'est toujours amusés à ce genre d'exercice. Même à table, pour un oui ou pour un non, on entonnait « Tom Dooley » (version Lonnie Donegan) ou un « I can't believe you wanna leave » (façon Gene Vincent) entre deux plats. L'un comme l'autre, nous avons toujours répondu présents, même pour une panouille. Par exemple, pour « Le Petit Mitchell illustré » (une émission de télévision diffusée pour Noël 1981), j'appelle Johnny pour lui dire que ce serait bien qu'il vienne jouer l'imbécile avec moi sur certaines séquences, où il doit me faire les pires coups, déguisé à la fin en père Noël. « Bien sûr », me répond-il. Arrivés sur le plateau chacun de son côté, nous nous sommes habillés pareil sans nous être concertés. J'ai une photo de ce moment, on croirait voir deux frangins. Un des plus beaux souvenirs de chanson a eu lieu au cours de l'enregistrement d'un de mes albums. Après un duo, nous enchaînons « Elle est terrible », mais cette fois en trio. Le troisième larron n'est autre que Little Richard, une de nos idoles depuis toujours. Johnny et moi passons quelques heures magiques en présence de M. Penniman (le vrai nom du petit Richard). Nous redevenons de vrais gamins de 15 et 16 ans dans le studio. Mimant les pochettes des premiers 45 tours de l'époque « Tutti frutti » (jambes et bras écartés), j'en profite aussi pour embrasser la main du roi du rock and roll et fais semblant d'avaler sa chevalière, sous l'œil hilare de mon vieux complice.

Pendant longtemps, Johnny a établi ses quartiers d'été à Saint-Tropez, joli port de pêche où je me retire quotidiennement. Ce proche voisinage nous a donné l'occasion de nous voir régulièrement, loin du show-business parisien et dans un cercle plus familial. Ces dîners parfois arrosés n'engendraient pas une franche mélancolie, mais plutôt des parties de rigolade (nous ne parlions jamais ou rarement boulot entre nous). Un soir, j'avais décidé de me mettre en cuisine et j'avais invité quelques amis, dont Johnny, pour 21 heures. Mes convives arrivent à l'heure dite, sauf, bien sûr, mon camarade chanteur. Rien de grave, j'avais prévu un délai d'une trentaine de minutes pour la cuisine, ce qui laisse du temps pour boire l'apéro. Vingt-deux heures, toujours pas de Johnny, mais un quart d'heure plus tard le voilà enfin. Ma fille Maryline l'accueille pendant que je retourne derrière les fourneaux. Affolée, elle me rejoint en cuisine.

« Ton ami… je crois qu'il aimerait manger un steak tartare ! »

La moutarde me monte au nez, je sors rejoindre mes hôtes et me dirige vers lui, rouge de colère. La bouche pâteuse, il a déjà pris l'apéritif. Je l'attrape et lui annonce :

« Alors, il paraît que tu as envie d'un steak tartare, me dit ma fille. Tu mangeras comme tout le monde. Et tu vas te faire foutre avec ton tartare.

— Steak tartare ? il me rétorque. Je lui ai simplement dit que j'étais désolé d'être en retard. »

Je pars dans un sacré fou rire, bientôt suivi par le rockeur et le reste de l'assemblée.

Si, parfois, nous ne nous donnions pas de nos nouvelles pendant trois mois, on pouvait être sûrs que nos téléphones allaient sonner dans les jours à venir. Un après-midi, lors d'une partie de gin-rummy endiablée avec mon fils Eddy, mon portable vibre. Je décroche et reconnais la voix farceuse.

« Bonjour, mon Claude, comment vas-tu ? » me dit-il.

Je lui réponds du tac au tac :

« Et toi, Jean-Philippe ? »

Pendant toute la conversation, nous n'utilisons que nos véritables prénoms. Le coup de fil fini, mon fils me demande qui était ce Jean-Philippe qui avait l'air de bien me connaître. Quand je lui apprends que c'était Johnny, il s'en amuse. Ce n'est pas tous les jours que l'on nous appelle par nos prénoms, surtout entre nous. La dernière fois devait remonter à plus de cinquante ans, au moins.

Proche de chez proche, parrain de mon autre fille Pamela, et moi de la sienne, Laura (avec Dominique Besnehard), j'ai toujours considéré Johnny comme un membre de ma famille, et je pense souvent à lui.

K

Kaki

« L'armée est assurément différente aujourd'hui
et n'a plus grand-chose à voir
avec celle d'hier, me dit-on. Je reste sceptique
et garde mes opinions sur le sujet. »

Pas question ici de vous raconter les vertus de ce merveilleux fruit méditerranéen, mais plutôt de la couleur kaki, qui immédiatement me fait penser à l'uniforme militaire… prétexte donc pour vous confier mon aversion pour l'armée. Je n'aime pas les gens qui marchent au pas, ni les chansons ou la musique qui les accompagnent, *idem* pour les ordres en général, en plus les uniformes sont moches. Je suis donc profondément antimilitariste. Ce dégoût s'adresse aux gradés et autres chefs médaillés de chocolat et non aux appelés, ces derniers ayant été forcés d'obéir par le passé. Cette antipathie remonte à mon enfance, qui en a trop vu et entendu. Guerre d'Indochine, insurrection malgache, Corée, Algérie, puis le Tchad, le Liban, le Golfe et autres, et les causes à défendre n'étaient pas toujours belles, loin de là.

« Diên Biên Phu est tombé » titrait la une de *France-Soir* un jour de mai 1954, au-dessus d'une photo terrible de blessés à l'agonie. En plus, le nord-ouest du Viêtnam est une véritable cuvette. Il suffisait de l'encercler et de pilonner. Le militaire français qui a eu l'idée d'en faire un camp de soldats est un idiot. D'ailleurs, je suis entièrement d'accord avec la phrase de Clemenceau : « La guerre, c'est une chose trop grave pour la confier à des militaires. » J'ajouterais que c'est aussi le cas pour la politique. Car, souhaitons-le, l'État français dirigé par un de Gaulle, plus jamais ça. À partir de 1958, le grand homme et son nationalisme aigu font des ravages. À commencer par la guerre d'Algérie, qui durera quatre ans avant qu'il ne comprenne que l'indépendance était nécessaire pour sortir de ce conflit, entraînant la mort de nombreux Français qui n'avaient rien demandé, sans parler du coût pharaonique de cette mobilisation. Belle réactivité. Ce « grand dépendeur d'andouilles », comme l'appelait ma mère, ressemblait curieusement à un dictateur. Profitant de l'unique chaîne de télévision, le bonhomme y apparaissait toutes les semaines en véritable roi de France, que ce soit en costume civil ou militaire (comme pour son discours en janvier 1960), histoire de nous rappeler son glorieux passé. Il est dans l'armée ou président de la République ? Ou peut-être n'avait-il rien d'autre à se mettre sur le dos ce jour-là ?

De Gaulle, alias « la grande Zohra », du nom de code que lui donna l'OAS, n'est pas très apprécié par la population ouvrière et les jeunes d'alors dont je fais partie. Après mon frère[1], c'est à mon tour de servir sous les drapeaux. Début 1962, je pars faire mes classes à Montlhéry. Sur place, les officiers du coin veulent tous rencontrer le chanteur des Chaussettes noires. Et notamment un adjudant qui s'occupe particulièrement de moi. Un jour, alors que nous sommes tous en rang d'oignons, prêts à saluer, il nous fait un discours atterrant, finissant par ces mots : « Messieurs, je vais faire de vous des machines à tuer. » Quelle connerie. Intérieurement, je me marre, Stanley Baker dit exactement la même chose à Alan Ladd dans *Les Bérets rouges*[2]. L'adjudant est-il cinéphile ? Immédiatement, j'imite Burt Lancaster répondant à Ernest Borgnine dans *Tant qu'il y aura des hommes*[3], lui rétorquant : « Ah oui ! Gras-double. » La réponse me vaut deux jours

1. Voir p. 57.

2. Film de guerre en couleurs de Terence Young (1953), avec Alan Ladd, Leo Genn et Stanley Baker.

3. Drame en noir et blanc signé Fred Zinnemann (1953), avec Burt Lancaster, Deborah Kerr, Montgomery Clift, Frank Sinatra et Ernest Borgnine.

au trou. Plus tard, le même me surprend avec un camarade en train de faire le mur. À l'époque, mon épouse d'alors vit à Noisy-le-Sec et est enceinte de notre premier enfant. Encore en taule avec mon ami Elkaim (qui, comme son nom l'indique, n'a rien d'un Breton), nous décidons que ça ne se passera pas comme ça. À notre sortie, nous volons la moto du gradé qu'il prenait chaque soir pour rentrer chez lui. Le deux-roues volatilisé, Elkaim prend son plus bel accent pied-noir et lui lance : « Tu nous as niqués, et nous, on a niqué ta moto. » L'objet sera rendu et, en contrepartie, nous pourrons discrètement sortir de la caserne.

Après que j'ai bousillé un camion et une Jeep (quelle drôle d'idée de faire conduire quelqu'un qui n'a pas le permis), on me propose de faire des spectacles pour le théâtre des Armées, notamment en Algérie. Sur le coup, je refuse. On me promet alors que les autres membres des Chaussettes noires stationnés en Allemagne partiront comme troufions en Algérie au plus vite ou, comme moi, pourront être envoyés en camp disciplinaire. Sous la menace militaire, je me rétracte, évidemment. Nous voilà partis faire la tournée des cantines et autres popotes. En Algérie, la guerre est finie, mais de nombreux soldats français sont encore sur place. Tous les soirs, j'assiste au dîner des gradés, qui veulent converser avec le soldat Moine, nouvelle bête curieuse du moment. Ce qui, bien sûr, est complètement contraire à mes envies et autres centres d'intérêt. Chaque fois, nous avons droit, mon épouse qui m'avait accompagné pendant ce périple et moi, à des discussions haineuses et d'une rare violence à propos des Algériens ou à de longs discours ennuyeux. Je pense notamment à ce colonel qui tient absolument à me raconter comment il est arrivé à ce poste. Il évoque ses classes, où il a été regroupé avec d'autres soldats par affinités – jusqu'au jour où ils sont rejoints par un « con » (ce sont ses termes !). Je m'esclaffe et lui dis qu'il n'y a rien d'étonnant à cela... Ça me vaut, encore une fois, un séjour en taule. Durant cette période noire, pas question d'être rémunéré pour ces galas. On nous impose même une semaine à l'Olympia. La recette et nos cachets sont encaissés pour les bonnes œuvres de l'armée. L'été 1963 sonne la fin de mes obligations militaires, il était temps.

Décembre 1990, le ministère de la Défense me propose d'aller en Arabie Saoudite pour soutenir le moral des troupes. Après réflexion, j'accepte, histoire de combattre mes vieux fantômes. Et puis je pense aussi à tous ces soldats loin de leur famille et sur le pied de guerre depuis des mois... Dont beaucoup, comme ceux appartenant au génie, y font tout sauf la guerre ; je me souviens par exemple d'un type qui racontait que sa troupe avait l'habitude de construire des routes dans des régions reculées. Si je pouvais leur apporter un moment de détente, ce n'était pas plus mal. Arrivés avec mon staff, nous nous reposons le soir. Le lendemain, l'équipe monte la scène à proximité du camp militaire. Quelques heures plus tard, nous apprenons que les Saoudiens me considèrent comme le chanteur du diable, et que le spectacle n'aura pas lieu. Le rock and roll est donc diabolique, amusant pour un type qui s'appelle Moine. Malgré une visite éclair auprès d'une division stationnée dans le désert, c'est la déconfiture. Bon, eh bien, puisque c'est ça, nous nous mettons en branle pour rentrer chez nous, d'autant plus que j'ai promis à mes techniciens et musiciens qu'ils pourraient passer Noël en famille (nous sommes le 23). Mais, surprise : l'armée n'a finalement pas d'avion disponible pour nous rapatrier en urgence. Après des heures d'attente coincés à Ryad, nous arrivons non sans peine à contacter Michel Charasse (avec lequel je me suis lié d'amitié depuis Les Restaurants du cœur), alors ministre du Budget. Il fait suivre l'affaire en haut lieu auprès de Jean-Pierre Chevènement, ministre de la Défense. Après nos multiples aventures, ou plutôt mésaventures[4], nous sommes de retour. Le bilan est négatif de mon point de vue : rien n'a

4. Je repense par exemple à cette fois où ma femme et ma maquilleuse, un peu perdues, se sont par hasard retrouvées dans la tente de l'état-major, alors que ce dernier préparait en toute confidentialité le déploiement des forces alliées...

changé chez les gradés dans l'armée, et le SIRPA[5] est à l'époque une belle équipe de bras cassés. Tant pis pour moi. Je chante plus tard pour les anciens du golfe à Fréjus, un moment agréable mais un peu réchauffé. Durant ces événements, je mine tellement un capitaine lors d'une discussion sur sa condition de militaire qu'il en vient à démissionner. Mission accomplie ? C'est quelqu'un de formidable que je rencontre alors, fait rare me concernant dans le milieu des uniformes. Il s'agit du général Mouscardès, commandant de la division Daguet. Véritable républicain, cet officier prend grand soin de ses soldats, qui sont pourtant loin d'être des enfants de chœur. La droiture de cet homme me touche, j'éprouve pour lui un grand respect. Rapatriés à Paris pour des raisons sanitaires, nous nous revoyons quelques semaines après. Je lui offre même le couteau de mon père au cours d'un déjeuner (en lui recommandant tout de même d'en prendre grand soin). Comme quoi, il n'y a que les imbéciles qui ne changent pas d'avis.

L'armée est assurément différente aujourd'hui et n'a plus grand-chose à voir avec celle d'hier, me dit-on. Je reste sceptique et garde mes opinions sur le sujet.

Enfin, pour finir, je déclare haut et fort « Klatuu barada nikto » ! Cette phrase du *Jour où la terre*

5. Service d'information et de relations publiques des armées.

s'arrêta[6] (apprise par Michael Rennie avant de mourir à Patricia Neal pour désarmer le robot Gort aux pouvoirs effrayants) introduit un message de paix, contre la violence et les guerres sur notre planète. C'est beau (et encore bravo à Ringo Starr pour avoir utilisé une photo du film pour la pochette de son *Goodnight Vienna* en 1974). Une pensée humaniste qu'il nous faut retenir.

6. Film de science-fiction en noir et blanc réalisé par Robert Wise (1951), avec Michael Rennie, Patricia Neal et Sam Jaffe. Un remake en couleurs, mis en scène par Scott Derrickson, verra le jour en 2008 avec Keanu Reeves et Jennifer Connelly. Le fameux « Klatuu barada nikto » y est à nouveau repris.

L

Littérature

« Céline reste un choc important, et demeure mon auteur de chevet. »

Lire est essentiel pour moi. Amoureux des mots, j'ai besoin de me plonger dans des univers différents du mien, notamment à travers le roman. Découvrir puis s'intéresser au mode de pensée d'un écrivain (ainsi qu'à son imaginaire et à son écriture) est passionnant. Cette fascination m'est venue très tôt et s'est poursuivie avec les années et mes insomnies. J'avale les livres, en lis même souvent deux en même temps. Malheureusement, le temps fait son œuvre et il m'arrive d'oublier certaines de mes lectures ; ne reste finalement que ce que je considère comme primordial, pour ne pas dire fondamental.

Tout commence dans mon enfance. Grâce à la « Bibliothèque verte », comme beaucoup de jeunes de ma génération, je plonge dans Alexandre Dumas et les aventures de ses trois mousquetaires (mais aussi *Le Comte de Monte-Cristo* et, plus tard, ses écrits fantastiques) ou dans Jules Verne, accompagné de son mystérieux capitaine Nemo. Ces lectures de petit garçon prennent ensuite la direction du Moyen Âge imaginé par Walter Scott pour son *Ivanhoé*, et aussi celle du Grand Nord raconté par James Oliver Curwood ou Jack London (un auteur très complet, mais que je découvre à travers d'autres titres des décennies plus tard). Et puis, un beau jour que mon père revient avec sa hotte de chez Gallimard et ses fameux invendus[1], j'attaque la « Série noire » et dévore tout ce qui porte l'emblème de la collection. James Hadley Chase, Raymond Chandler, Dashiell Hammett, James Cain, Horace McCoy, sans oublier Peter Cheyney dont le héros Lemmy Caution a été incarné au cinéma par mon idole, Eddie Constantine[2], et bien d'autres encore, ont usé les piles de ma lampe de poche et mes yeux, au fond de mon lit. N'aimant pas les gentlemen cambrioleurs à la Lupin, les meurtres dans les cottages anglais et les détectives enquêtant du fond de leurs fauteuils, j'ai toujours marqué une prédilection pour cette littérature noire souvent

1. Voir p. 10.
2. Au cinéma, Eddie Constantine interpréta, entre 1953 et 1991, le personnage de Lemmy Caution, agent du FBI créé par Peter Cheyney dans treize films réalisés entre autres par Bernard Borderie, Pierre Chevalier, Jean-Luc Godard ou Raoul André.

teintée d'humour. De Jim Thompson à Donald Westlake en passant par Charles Williams, Elmore Leonard et Ed McBain, je ne m'en lasse jamais. Et les Français, me direz-vous ? Dans un genre policier plus traditionnel, le Belge Stanislas-André Steeman et son héros ironique Monsieur Wens (*Six hommes morts* est un livre audacieux, dans lequel le meurtrier met en scène sa propre mort et continue ainsi ses crimes « post mortem »), et bien sûr l'univers d'un Pierre Very m'ont captivé. Puis, ensuite, je n'ai pas échappé à Frédéric Dard, Pierre Siniac et (entre autres) les aventures et errances de *Luj Inferman' et la Cloducque* (deux « monstres » en marge de toutes formes de vie sociale), Didier Daeninckx (dans *Le Der des ders*, son Paris des fortifs après la guerre de 1914 est saisissant), et évidemment Jean-Patrick Manchette. Aujourd'hui, toujours un polar dans la main, mes lectures me conduisent vers Philip Kerr (avec une préférence pour la série consacrée à Bernhard Gunther, son détective forcé de travailler pour les nazis arrivés au pouvoir) et Joe R. Lansdale pour son génial *Les Marécages*, roman cruel et imprévisible raconté à travers le regard d'enfants.

Malraux, Sartre ou Camus sont tombés au fin fond de mes oubliettes personnelles. De la belle écriture, certes, mais je n'ai pas accroché. Ce n'est pas grave, la littérature est tellement vaste. Par contre, Céline reste un choc important et demeure mon auteur de chevet. *Voyage au bout de la nuit* a fait date grâce à son ton cruel et féroce. L'antimilitarisme de Bardamu ne pouvait que me plaire. Son écriture va à l'essentiel, quatre lignes de Céline équivaudraient probablement à un chapitre entier chez d'autres auteurs (je pense à sa description de New York : « Figurez-vous qu'elle était debout leur ville, absolument droite »). Malgré son terrible personnage public et la polémique qu'il engendre, je reste un inconditionnel de l'écrivain dont l'œuvre ne se limite pas à ce seul *Voyage* (*Mort à crédit*, *Guignol's Band*, *Nord* et *Le Pont de Londres* sont aussi de grands romans). J'ai parfois l'impression que William Faulkner, lui aussi en bonne place dans mon panthéon, a lui-même lu Céline avant d'écrire, tellement je trouve de similitudes. Pourtant, c'est impossible, l'auteur de *Monnaie de singe*, *Sartoris* et de *Tandis que j'agonise* ayant commencé à être publié six ans avant le Français.

Dans un autre genre, je pense que Georges Simenon est un grand romancier qui n'est pas encore reconnu à sa juste valeur. Pour une majorité, il n'est que le créateur de Maigret. C'est dommage et c'est aller un peu vite sur une œuvre très fournie, fourmillant de grands bouquins. J'ai fait l'expérience de cet oubli : il y a quelques années, une chaîne de télé demande à Gérard Jourd'hui et à moi-même un projet autour de cet auteur. Notre choix se porte sur une nouvelle adaptation du *Fils Cardinaud*, déjà porté à l'écran et interprété par Jean Gabin pour *Le Sang à la tête*[3]. Nous avons carte blanche et entrons rapidement en production puis en tournage. Mais une fois le programme livré, la chaîne est déçue, je n'ai pas la pipe et ne résous aucune énigme comme le légendaire commissaire. Du coup, le téléfilm (*La Tête haute*) est programmé à une heure tardive et sera donc peu vu. Des ouvrages passionnants sont pourtant à découvrir, comme *Pedigree*, *Le Testament Donadieu*, *Ceux de la soif*, *La Vérité sur Bébé Donge* ou *L'Enterrement de Monsieur Bouvet*... Et aucun ne met en scène le commissaire Maigret.

Quand j'étais adolescent, Joseph Kessel m'a fait aussi beaucoup rêver avec *Le Lion* et *Fortune carrée*. Devenu adulte, j'ai poursuivi mon voyage avec ce romancier hors normes. *Le Coup de grâce*, *L'Armée des ombres*, *Les Cavaliers*, la quadrilogie formant *Le Tour du malheur* ou sa *Passante du Sans-Souci* (un livre antifasciste se déroulant dans le Paris des Années folles) ne peuvent laisser insensible le lecteur. Une œuvre riche dont on n'a jamais fini de faire le tour (surtout si on inclut ses nombreuses biographies et les recueils de ses écrits journalistiques).

Depuis plus de trente ans, je ne rate jamais la sortie d'un Patrick Modiano. Ses belles promenades

3. Drame mis en scène par Gilles Grangier (1956), avec Jean Gabin, Paul Frankeur et Georgette Anys.

incertaines à travers un Paris oublié (*Dans le café de la jeunesse perdue* et *Quartier perdu*, notamment), son goût pour une enfance trop vite disparue, l'absence du père, ses descriptions de l'Occupation allemande (*Dora Bruder*) me touchent ; ces thèmes de prédilection en font, à juste titre, un incontournable de la littérature contemporaine (*Villa triste* et *Pour que tu ne te perdes pas dans le quartier* sont, à mon avis, de petits bijoux).

J'admire les personnes qui prennent le temps de relire les livres qui les ont marquées. Pour ma part, cela ne m'arrive pratiquement jamais. Ou alors le temps d'une nouvelle, comme celles de Guy de Maupassant, qui continue à me surprendre par sa modernité, ou d'Edgar Allan Poe et ses exemplaires contes fantastiques. Une exception à noter, toutefois, pour Robert-Louis Stevenson. Le romancier du *Creux de la vague* (et de beaucoup d'autres grands textes) me tient à cœur. Car, voyez-vous, lorsque j'ai relu *L'Île au trésor*, les aventures de Jim Hawkins m'ont fait revivre mes émotions de gamin, plus de soixante ans après la première lecture. Et ça, c'est unique.

M

Mauvaise foi

> *« J'ai même imaginé un club de la mauvaise foi évidente (qui n'a jamais vu le jour), dont je serais le fondateur. »*

La mauvaise foi doit être pratiquée intelligemment. Il ne faut pas l'entretenir avec ses proches, qui vous connaissent parfaitement, mais plutôt au hasard de vos rencontres. Par exemple, lors de déjeuners professionnels, si quelqu'un dit du bien d'un film à l'affiche ou sorti depuis peu, immédiatement j'affirme le contraire, quand bien même je ne l'ai pas vu. Mon « Ah ! que c'est mauvais ! » provoque généralement des regards interrogateurs et de l'intérêt. Entre deux bouchées, enfoncez le clou : « Son film précédent était tellement mieux », « C'est un pauvre remake inavoué de… ». N'hésitez pas à critiquer le script, la mise en scène ou les acteurs. Il ne faut jamais être à court d'arguments.

Fréquemment, il arrive alors que la personne, sans se rétracter, modère son propos (« Y a quand même de bons moments ») ou avoue ne pas avoir vu le film sur le même axe, et même, plus rarement, passe dans votre camp. Dans ces moments-là, savourez votre vraie mauvaise foi, qui peut aussi s'appliquer à un livre, une chanson, etc.

Mes amis et proches partagent souvent cette faculté. J'ai même imaginé un club de la mauvaise foi évidente (qui n'a jamais vu le jour), dont je serais le fondateur. Mon ami Johnny a longtemps été un membre permanent de cette association. Sa mauvaise foi ressemble à de l'amnésie. Lorsqu'il devait s'installer à Los Angeles, je me souviens de l'avoir appelé pour l'inviter à dîner. Lui visite des maisons et, moi, je suis là-bas pour enregistrer un album. À l'époque, je connais mieux le coin que lui, plus précisément les studios, certains magasins et restaurants. Nous nous retrouvons chez Madeo, un délicieux restaurant italien qui prépare à merveille les margaritas. L'endroit est très show-business, mais sympathique, et surtout familial. D'ailleurs, ce soir-là, Clint Eastwood y dîne avec ses enfants, tandis que, non loin de là, Leonardo DiCaprio est attablé avec sa mère. Nous nous régalons, les plats sont somptueux. Au moment de partir, Eastwood vient me saluer. Nous nous sommes rencontrés quelque temps auparavant à Saint-Tropez, lors d'une soirée arrosée chez Eddie Barclay, et avons passé la nuit à parler d'Anthony Mann, John Ford, Budd Boetticher et Howard Hawks – de valeurs essentielles, donc. Il s'en souvient, apparemment. Je lui présente mon camarade (« *a very popular french singer* ») et, après cinq minutes de discussion courtoise, il part et j'entends mon Johnny me dire : « Oh, la vache ! Tu connais Clint Eastwood... Tu ne pourrais pas me présenter DiCaprio ? » Navré, mais là, je ne peux rien faire ! Nous passons, comme toujours, une bonne fin de soirée et nous séparons. Quelques années après, Johnny est devenu citoyen californien. Je suis à nouveau en ville pour enregistrer et il m'invite à dîner dans ce qu'il promet être « un formidable restaurant ». Il passe me prendre en voiture, me vend pendant le trajet la cuisine de l'établissement... et me voilà devant chez Madeo ! J'ai beau lui dire que c'est moi qui lui ai fait découvrir l'endroit, il ne veut rien entendre. Même en lui rappelant l'anecdote concernant Eastwood, il maintient que je ne suis jamais venu ici. Être de plus mauvaise foi que ça, on ne peut pas !

En roi de la totale mauvaise foi, mon autre camarade Gérard Jourd'hui se défend également. Lors d'un tournage d'une « Dernière Séance », où comme d'habitude il a écrit les textes de présentation, je me détache du script en parlant des débuts de James Coburn au côté de Randolph Scott dans

La Chevauchée de la vengeance[1]. Immédiatement, Gérard me coupe, me disant que je me suis trompé, que ce n'est pas son premier film. Lui travaille les textes à l'aide de dictionnaires, donc impossible qu'il ait pu s'égarer. Moi, Randolph Scott, c'est mon dada (si j'ose dire), je suis un véritable connaisseur quant à sa filmographie. Commencent alors des palabres d'une vingtaine de minutes, chacun campant sur sa position (il me montre ledit dico et insiste : « Tu vois, j'ai raison, pas de trace de ton film, c'est marqué dessus comme le Port-Salut », alors que je lui rétorque que son livre est bourré d'erreurs), Gérard en vient même à passer des coups de fil de vérification (Internet n'existe pas à l'époque)... Victoire : malgré sa grande cinéphilie, j'ai raison et mon camarade avoue finalement ses torts (tout le monde peut avoir un trou de mémoire). Incident sans importance, mais sa mauvaise foi fait référence.

Cette mauvaise foi est souvent un signe distinctif des cinéphiles, d'ailleurs. Par exemple, mon fils m'a toujours soutenu que Peter Cushing était excellent en infâme Sarrasin et félon dans *Le Serment du chevalier noir*[2]. Moi, je veux bien, j'aime beaucoup ce comédien, mais il n'a pas

1. Western en couleurs réalisé par Budd Boetticher (1959), avec Randolph Scott, Karen Steele, Lee Van Cleef et James Coburn.

2. Film d'aventures de 1954 signé Tay Garnett, avec Alan Ladd, Patricia Medina, Peter Cushing et André Morell.

vraiment le physique de l'emploi (des yeux bleus et une allure typiquement *british*). La palme revient cependant au trésorier de ce club fantôme : Bertrand Tavernier. À combien de reprises m'a-t-il parlé de films inédits en France, ou extrêmement rares, et vanté les qualités du scénario ou autres ? Et puis, un jour, vous mettez la main sur le film en question, et ce n'est généralement pas triste ! Souvent, il n'avait qu'un vague souvenir d'une projection, ou l'envie de (re)voir ces « fameuses » pépites. Je me souviens de discussions autour de westerns aux budgets très serrés, qui passaient de films étonnants quelques mois plus tôt à de sympathiques nanars une fois revus. La mauvaise foi d'un grand amoureux de cinéma dont je ne me lasse pas.

Michel Sardou, lui, ne fera jamais partie de ce club. Il est toujours de bonne humeur et est capable de raconter avec humour ses problèmes du moment, sans dissimulation. Comme, il y a quelques années, lors de la revente de sa maison à Neuilly : personne ne voulait de la baraque et, loin de se morfondre, il fait part de ses déboires à tous ses potes (elle trouvera finalement acquéreur un peu plus tard). Moi, j'aurais eu du mal à en parler et surtout à en rigoler ainsi. *Idem* lorsqu'il relate ses premières tournées avec séances de dédicace obligatoires après le spectacle, durant lesquelles lui arrivent à l'oreille des commentaires comme quoi il est moins beau qu'à la télé et il n'est pas bien grand. Ce sont des souvenirs que l'on n'aime pas trop raviver généralement, mais lui s'en fout. Je le dis avec beaucoup d'amitié, de tendresse et aussi d'humour : il m'énerve parfois.

N

Nashville

« À 1 heure du matin,
l'album entier est dans la boîte. »

En 1974, ma maison de disques s'interroge quant à la suite des événements me concernant. À l'époque, mon dernier disque en date, *Ketchup électrique*, plafonne à 30 000 exemplaires vendus. Ce n'est pas terrible, mais c'est mieux que l'opus précédent. Par contre, Barclay a compilé deux doubles albums des Chaussettes noires qui marchent d'enfer (250 000 disques chacun). Du coup, on me propose de réenregistrer de nouvelles versions de ces titres au passé très lointain. C'est le coup de massue, il n'en est pas question. Refaire du rock and roll, oui, mais autant le faire bien avec des musiciens qui savent le jouer et pas avec ces vieilles chansons. Jean Fernandez a donc l'idée de joindre le groupe Area Code 615 (il joue la plupart du temps en séances sur d'autres albums), composé d'instrumentistes hors pair et tous installés à Nashville, capitale de la country et de ce genre de musique (de Jerry Lee Lewis à Presley, en passant par les Everly Brothers, Little Richard, Gene Vincent...). En plus y sont expérimentées plein de nouvelles choses très intéressantes (Billy Swan, le retour de Ronnie Hawkins, Kenny Rogers), surtout dans la country music (Tom T. Hall, Willie Nelson, Jerry Reed). D'autres artistes n'ayant rien à voir avec ces univers se sont essayés aux studios et musiciens nashvilliens (Neil Young, Bob Dylan, Tony Joe White), alors, pas d'hésitation, direction le Tennessee.

Arrivé sur place, je découvre que la ville ne ressemble à rien. Tous les endroits sont semblables : une banque, un studio d'enregistrement, un bar (où l'on peut écouter des chanteurs et des groupes locaux), puis encore une banque, un studio, un autre bar, parfois un hôtel, une épicerie ou une boutique de disques. Nous prenons un jour off, pour récupérer du décalage horaire, et nous voilà prêts à enregistrer à 9 heures le lendemain matin. Tout est prévu sur trois semaines, entre les séances, les voix et le mixage. L'équipe est en grande forme sous la direction de Charlie McCoy, un musicien talentueux comme j'en ai rarement vu. Dès la première prise, c'est le début d'une journée magique. Je chante, soutenu par cette bande experte, et suis sur un nuage. Le bon vieux rock and roll sauce Chuck Berry ou Gene Vincent, ils connaissent ça depuis leur plus jeune âge et, pour ce qui est de la country, pas besoin de leur expliquer comment faire. Tout va donc très vite, et dans une ambiance particulièrement agréable. Alors que la fin de la séance est prévue dans la journée, Charlie propose de la prolonger de quatre heures supplémentaires après dîner. Ses camarades sont d'accord. À 1 heure du matin, l'album entier est dans la boîte. Je suis bouche bée. Le lendemain, il reste quelques heures de séance, on a auparavant tout réécouté avec Jean, histoire de se rassurer. Non, ce n'est pas un rêve, c'est bien ce que l'on a entendu la veille (je me pince). Du coup, on enregistre trois titres supplémentaires (des reprises de country) en instrumental, notamment ce qui donnera plus tard « Je ne sais faire que l'amour ». Puis on attaque l'enregistrement des voix (la mienne et celle des choristes tenus par les Holladay Sisters et The Jordanaires), également bouclé en une journée. Après deux jours de mix, *Rocking in Nashville* est achevé.

Retour en France, le disque sort quelque temps après et annonce la fin de ma traversée du désert[1]. Ma petite cuisine musicale a pris. Du coup, je fais venir ma bande américaine à Paris, nous occupons l'Olympia quelques jours. Là encore, je me régale

1. Voir chapitre « Traversée du désert », p. 165.

sur scène – mes camarades, eux, découvrent les joies du bordeaux et du champagne, tandis que Kenny Buttrey, l'homme derrière les tambours, se découvre une passion pour les escargots de Bourgogne, en ingurgitant pas moins de quatre douzaines en une seule soirée. Une belle découverte culinaire qui se fait sous l'œil amusé de leur manager Sheriff Tex Davis. Le nom de ce bonhomme ne vous évoque peut-être rien, mais, pour moi, il n'est pas moins que le coauteur de « Be-Bop-A-Lula » avec Gene Vincent, l'une de mes idoles, avec qui il a travaillé quelque temps. Il s'occupe aussi de Kris Kristofferson et Dolly Parton, et je suis toujours à l'écoute quand il raconte des anecdotes à propos du Screaming Kid[2]. Par contre, ce monsieur, déjà âgé d'une soixantaine d'années alors, n'a pas de passeport et ne comprend pas qu'il en faille un pour venir en France, pays que l'Amérique a sauvé durant la Seconde Guerre. Une vision certes radicale et datée pour un monde moderne. Le spectacle terminé, je repars peu de temps après retrouver mes compères pour un nouvel album à Nashville.

Des amitiés se sont tissées avec ce gang musical, particulièrement avec Wayne Moss (bassiste et guitariste incroyable), Russ Hicks (le meilleur pedal steel guitar, ce qui n'est pas peu dire à propos de cet instrument hautement compliqué) et, bien sûr,

2. Surnom de Gene Vincent.

Charlie McCoy. Lui, c'est carrément Mr Music. Il sait déchiffrer dans un temps record une chanson, dirige l'orchestre tout en jouant de l'harmonica. Musicien surprenant, il pratique également avec talent la basse, la guitare, le piano et le vibraphone et, de son propre aveu, a aussi un peu touché à la batterie (mais en joue mal selon ses dires). En plus, il parle quatre langues : l'anglais, l'espagnol, le français et le suédois. Il tourne un peu partout, notamment au Danemark, où il m'a raconté que dans certaines écoles on apprenait mes chansons en cours de français. Pauvres mômes, comme quoi, il y a bien quelque chose de pourri au royaume du Danemark, comme l'écrivait un certain William. En tout cas, ce surdoué m'étonne toujours. Un jour, il me demande s'il peut quitter le studio plus tôt, ne pouvant comme à l'accoutumée réécouter les séances avec nous (Jean, Pierre Papadiamandis et moi). Nous libérons évidemment Charlie à l'heure voulue, puis finissons la journée de studio et rentrons directement à l'hôtel. Le temps de prendre une douche avant d'aller dîner, je branche la télé et tombe sur « Hee Haw », un show dédié à la country. Et là, en direct, je vois Charlie déguisé en Mexicain jouant de la trompette derrière Tom T. Hall, grand chanteur du genre. Encore un talent qu'il m'avait caché.

L'ambiance du coin n'engendre ni la morosité ni la sobriété. Lors d'un dîner chez Jim Colvard, guitariste m'accompagnant alors, celui-ci me demande de le suivre en cuisine un instant. Je m'exécute et découvre avec stupeur des toilettes au milieu de la pièce ! Et là, tranquille, il se déshabille, prend une guitare, s'assoit sur la cuvette et se met à jouer un titre qu'il a composé et qu'il veut me faire écouter… tout en faisant ce qu'on devine. Une fois revêtu, il me demande ce que j'en pense. « C'est chouette, mais je n'ai pas l'impression que ce soit pour moi », lui répondis-je. Puis, l'air de rien, on repart fêter ça autour de quelques cocktails maison.

Une autre fois, nous passions une journée off sur le bateau de Wayne Moss qui habitait près d'un immense lac. Entre boissons alcoolisées et cigarettes mal roulées, nous étions avec mon éternel Jean Fernandez dans un état avancé. Après avoir tiré au colt sur les serpents d'eau à proximité, un sport local que nous pratiquons sans réelle conviction (la population reptilienne n'a pas diminué ce jour-là), mon ami se transforme en pêcheur expert. Dès son premier lancer, il accroche le cygne royal du coin, seul animal protégé de la région. Débarque alors la police fluviale, venue sauver le magnifique animal. Tout rentre dans l'ordre, Wayne arrangeant l'affaire qui se finit avec plus de peur que de mal.

Nashville est aussi propice à des rencontres inoubliables. Par hasard, l'un de mes musiciens me fait connaître Jerry Reed, compositeur, guitariste et chanteur que j'admire, grand acteur et star nationale[3] à l'époque, dans des films avec Burt Reynolds. Il nous invite chez lui, une maison sur pilotis surplombant un lac (encore). Mais, avant de passer à table, il tient à nous faire essayer son nouveau bateau. C'est donc parti pour une balade aquatique en hors-bord. En conduisant, il boit d'énormes doses de Mint Julep comme si c'était du Coca-Cola (le cocktail est rafraîchissant, mais en boire trois ou quatre ?) dans de grands gobelets en plastique. Nous goûtons aussi. Puis il est temps de rentrer. Comme on arrive à proximité de son domicile, Jerry m'explique son jeu préféré. À ras de la bâtisse, il a accès à son garage grâce à un portail électrique, fraîchement installé. Le but est d'en ouvrir les portes avec la télécommande au dernier moment, en arrivant à fond. C'est tellement plus drôle. Subitement, il lâche le volant du bateau et me dit d'essayer. N'ayant jamais manœuvré ce genre d'engin (et toujours sans permis de conduire), je me retrouve comme pilote alors que Jerry garde la main sur la vitesse. Évidemment, j'appuie trop tard sur le bouton censé ouvrir le garage et explose son beau portail. Je suis navré, désolé, ne sachant plus où me mettre, je me répands en excuses. Lui est mort de rire et me répond hilare que ce n'est pas grave, il propose de monter boire un coup en

3. Jerry Reed tourna cinq films avec Burt Reynolds, dont la trilogie dédiée à *Smokey and the Bandit* (en français *Cours après moi shérif* en 1977, *Tu fais pas le poids, shérif !* en 1980 et *Cours après moi shérif 3* en 1980).

cuisine, histoire de nous remettre de ces émotions. J'insiste pour le dédommager, rien n'y fait. C'est peut-être ça, l'hospitalité du Sud.

Un autre grand imprévu a été la venue de J. J. Cale pour jouer sur un titre d'*Après minuit*, un de mes albums. Jean et moi-même étions en grande discussion à l'hôtel lorsque le téléphone sonne[4] : « Bonjour, c'est Audie Ashworth, il paraît que vous êtes en ville, et j'aimerais beaucoup vous revoir. » En effet, cet individu avait assisté l'ingénieur du son pour la partie américaine de l'album *De Londres à Memphis* (1967). Surpris par le fait qu'un Français débarque à l'époque dans son coin, il a gardé un bon souvenir de ces séances. Il est devenu depuis le manager de J. J. Cale, qui habite chez lui, sur son vaste terrain situé dans les environs. Il vit dans un immense mobile home, composé d'une partie habitable et d'un studio répondant au nom de « Crazy Mama » (un de ses premiers hits). Encore un hasard, on doit enregistrer le lendemain une version française de « After midnight », titre phare de ce grand artiste. Qu'à cela ne tienne, Cale a déjà entendu certains de mes disques et serait ravi de tenir la guitare pour cette adaptation. Avant de raccrocher, Ashworth nous donne quelques indications que nous suivons à la lettre. La vue de son poulain étant défaillante, il

4. Voir le récit complet de l'appel p. 141.

faut flécher le parcours du parking jusqu'au studio même. À l'heure prévue, Cale arrive. Type adorable, le bonhomme est myope comme une taupe, limite aveugle. La séance se passe formidablement bien, sa guitare propose une variante novatrice par rapport aux autres versions existantes, et installe un climat comme je les aime. À ma grande surprise, la plupart de mes musiciens (excepté Wayne, Charlie, Kenny et David Briggs qui sont très ouverts sur tous les genres musicaux) n'ont jamais entendu parler de mon invité. Pour eux, « Cocaine » et « After midnight », c'est Eric Clapton, et « Call me the breeze » est signé Lynyrd Skynyrd. En fait, je me rends compte qu'à part les gens qui les ont inspirés et autres idoles de jeunesse, ils ne connaissent que les chanteurs avec lesquels ils ont enregistré. Dommage.

Mon endroit de prédilection pour poser mes valises était alors le Spence Manor Hotel. Un lieu immense sans réception, qui mettait à votre disposition une simple clef pour entrer. En plus d'avoir des chambres silencieuses et spacieuses, on pouvait y commander des repas à n'importe quelle heure du jour et de la nuit. Connu aussi pour sa piscine en forme de guitare, le palace disposait d'un personnel qui savait se rendre invisible, mais accourait à la moindre demande. Tous les employés masculins me dérangeaient un peu. Ils se ressemblaient étrangement : grands, bruns et avec un plumet à la Conway Twitty, chanteur country à la mode. J'avais l'impression que le Dr Mengele pratiquait des expériences dans le coin[5], ou de retrouver les enfants du *Village des damnés*[6] à l'âge adulte. L'hôtel accueillait les stars de passage, la seule *persona non grata* étant Jerry Lee Lewis. Le bien nommé Killer avait ravagé sa chambre lors d'une nuit mouvementée, du coup il était désormais prié de déposer 50 000 dollars de caution (en cash) s'il voulait y dormir à nouveau. On ne l'a jamais revu. C'est aussi là-bas que j'ai vu Waylon Jennings (star de la country) discuter avec Chuck Berry. Deux genres qui pouvaient difficilement se rencontrer, mais un souvenir bien sympathique qui montre que tout peut arriver à Nashville.

Si mon association avec toute cette bande de musiciens a si bien fonctionné, c'est aussi grâce aux chansons de Pierre Papadiamandis. Appréciant le jazz, le classique et la variété, Pierre n'est a priori pas vraiment branché rock and roll et country.

---

5. Josef Mengele est un officier nazi qui a exercé durant la Seconde Guerre comme médecin dans le camp d'Auschwitz, pratiquant généralement des expériences médicales sur les prisonniers. Le romancier Ira Levin s'inspire des expériences sur la génétique du terrible docteur pour son roman *Ces garçons qui venaient du Brésil*. En 1978, Franklin J. Schaffner en réalise l'adaptation au cinéma avec Gregory Peck, Laurence Olivier et James Mason.

6. *Le Village des damnés* est signé Wolf Rilla (1961), avec George Sanders et Barbara Shelley. Le film aura une suite en 1964 (*Children of the damned* d'Anton Leader), et un remake (*Le Village des damnés* de John Carpenter) verra le jour en 1995.

Pourtant, j'ai toujours pensé qu'il composait avec une approche similaire à celle des styles cités. Pierre me rétorquait : « Ah bon, tu crois ? » Eh bien, oui, la preuve avec « La dernière séance », « Il ne rentre pas ce soir », « Je vais craquer bientôt », « La fille du motel », etc. Depuis, il s'intéresse à ces musiques. La réalisation de ces titres est simple. On fait écouter une maquette aux musiciens, et eux proposent tout de suite quelque chose que l'on accepte ou pas. La plupart du temps, ça marche du premier coup, sinon on passe à autre chose et on revient plus tard sur le titre mis de côté. C'est aussi pour ça que l'on venait chez eux. Pour faire du rhythm and blues, vous alliez à Memphis ou à Muscle Schoals, et la country (et même parfois la soul) se passait à Nashville. Tous savent faire du rock à leur manière, mais pour de la bossa-nova, du jazz en big band ou des arrangements de cordes, c'est encore ailleurs que ça se passe.

La musique américaine est devenue *coast to coast*. Avant, certains artistes ne dépassaient pas le sud des États-Unis ou n'étaient célèbres que dans deux ou trois États (on citera l'exemple de nombreux groupes californiens inconnus à New York et vice versa). Ce qui, évidemment, entraînait une production musicale nettement plus importante. Aujourd'hui, avec la crise du disque, les studios ferment partout dans le pays, mais Nashville et Los Angeles restent des centres importants quant à la musique. Par contre, il n'y a plus vraiment cette spécialisation propre à chaque coin des États-Unis. Si Costello, Martina McBride, Chris Stapleton, Lionel Richie, Jack White, Taylor Swift sont si différents, ils gardent chacun son identité et travaillent à Nashville par opportunité et non par envie d'un son typique qui, de toute façon, n'existe plus. Donc, pour moi, c'est bien fini et vive le nouveau Nashville. Et puis après plus de vingt ans à travailler dans le coin (en alternant avec d'autres studios de temps à autre), la boucle était bouclée. Il fallait bien chercher autre chose. D'autant plus que si j'ai besoin d'un McCoy ou de Russ Hicks (qui ont déserté les alentours de l'ancienne capitale de la country), ils se déplacent très facilement à Los Angeles, mon nouveau terrain de jeu. Pas de nostalgie, donc.

O

Orchestre

« Moi, que l'on dit avare de compliments,
il était temps d'écrire à propos de ces musiciens
tout le bien que je pense d'eux. »

Je profite de ce chapitre pour rendre hommage aux artistes qui m'ont accompagné durant mon long parcours. Et je prie par avance de m'excuser ceux que je vais sûrement oublier de citer.

Commençons par la scène et par le début : du temps des fameuses Chaussettes noires, le batteur ne jouait jamais en studio et était souvent remplacé par Armand Molinetti, tandis que Jean Bouchéty tenait régulièrement la basse. Au retour de l'armée, alors que j'avais continué à travailler durant cette période, je constate qu'eux n'ont pas foutu grand-chose, nous prenons donc des chemins séparés. Et me voilà reparti sur les routes avec les Fantômes, dont la guitare est tenue par Dean Noton. Très influencé par Hank B. Marvin et ses Shadows, il en a aussi le look et s'améliore constamment avec le temps (il restera longtemps au sein de mes différentes formations). Peu après, d'anciennes Chaussettes nous rejoignent (Gilbert Bastelica à la batterie et Michel Gaucher au saxophone), ainsi que Jacques Dutronc (remplaçant pour quelques semaines Dean). Jacques est un vieil ami (et un amour de mec, lui aussi, c'est la famille), dont on parle rarement comme guitariste. À l'époque, il joue pas mal du tout et tend plus vers un style à la Chet Atkins. Surnommé Gaston, Jacques porte un imper, des lunettes à triple foyer, se tient voûté et, lorsqu'il veut approcher les filles, se lance dans ce qu'il appelle une « opération gitanes ». Il faut dire qu'à ce moment-là, on est loin du play-boy qu'il allait devenir. En 1964 arrive Pierre Papadiamandis au piano, un grand timide qui mettra plus de deux ans avant de me présenter « J'ai oublié de l'oublier »... mais ça en valait la peine ! Ensuite, j'ai changé un peu ma sauce avec les mêmes musiciens, plus une section de cuivres sous le nom ronflant des Soul Brass. Un détail amusant, l'autre saxophoniste au côté de Michel Gaucher, Jeff Seffer, est amené dans cette joyeuse bande par Pierre. Et je l'identifie tout de suite. Quand j'étais gosse, il jouait dans un des orchestres de bal où j'avais été engagé. A-t-il reconnu son chanteur fantaisiste ? La formation suivante s'agrandit avec pas moins de six cuivres, et les arrangements souvent compliqués d'Ivan Julien. Milieu des années 1970, je retourne vers un groupe plus simple, le Zoo, avec lequel j'avais déjà enregistré en studio. Après l'Olympia 75[1], retour à une grande formation en 1977, où l'on assiste sur scène à un duel d'harmonicistes entre Charlie McCoy et Jean-Jacques Milteau, soutenus par André Ceccarelli à la batterie (un joueur virtuose également). En tournée, Charlie et Russ Hicks découvrent à Lyon le restaurant de Paul Bocuse et dégustent en fin de repas une vieille mimolette avec un bon côtes-du-rhône. Un souvenir qu'ils continuent à chérir. Après un Olympia accompagné par Barefoot Jerry (formé notamment par Wayne Moss, Russ Hicks et Mac Gayden, le créateur de « Everlasting love ») et les Muscle Schoals Horns, je ne travaille plus qu'avec des musiciens français (exception faite du groupe américain Jackshit pour le *Jambalaya Tour* de 2007). Basile Leroux, Christophe Deschamps, Jean-Yves D'Angelo (et Michel Amsellem), Evert Verhees ainsi que Michel Gaucher forment l'équipe des fidèles, avec ou sans grand orchestre, Vieilles Canailles ou pas. Et on imagine que ce n'est pas toujours facile, car un musicien français doit savoir tout jouer, alors qu'on recherche un Américain pour sa spécialité. Par exemple, avec moi, ils doivent s'adapter au jazz version big band, puis à la country,

1. Voir p. 113.

mais aussi au rock, rhythm and blues et à la variété. Je les rassure, je n'envisage pas un album de salsa ou de tango. Quoique.

Coup de chapeau, donc, à tous ces oiseaux qui m'ont enthousiasmé. Côté rythmique et à la batterie, j'ai eu du beau monde. D'André Ceccarelli (son père, aussi très bon batteur, lui disait toujours « Dédé, travaille tes cymbales ! ») à Willie Green III (un membre des Neville Brothers qui m'a estomaqué sur « Les Nuits de pleine lune »), en passant par Daniel Humair, Vinnie Colaiuta et tant d'autres (Bernie Dresel et Jeff Hamilton pour les grands orchestres), c'est Kenny Buttrey qui reste mon favori. Lui joue réellement la chanson *avec* le chanteur, et marque la moindre de mes intentions ou le plus petit geste. C'est une impression fantastique, tout comme le fait un Roger Hawkins, roi du tempo avec qui il est aussi très agréable de travailler. À la basse, j'ai adoré l'époque Marc Bertaux (fin des années 1960), un autodidacte lui aussi (devenu depuis un grand jazzman), au son superbe que je n'ai jamais retrouvé ailleurs. L'approche d'un Wayne Moss est radicalement différente, apparemment plus traditionnelle mais tout aussi brillante (réécoutez les albums de Barefoot Jerry et d'Area Code 615). Bravo aussi à Evert Verhees pour sa sensibilité et qui, comme Wayne, a assuré bien des chœurs derrière moi. Des clients à la guitare, j'en ai eu quelques-uns. Au début des années 1960 et de mes séances londoniennes, Big Jim Sullivan est le premier à m'avoir marqué dans sa façon d'aborder le rock and roll. Vers la fin de cette décennie, il suit Tom Jones à Vegas, engagé à l'année par le chanteur. Un enterrement de première classe qui le fait oublier de tous. Bien plus tard, il m'avait écrit, me racontant qu'il était prêt à revenir en séances. Ce que j'avais considéré, mais malheureusement il est décédé peu après. Un jour où Vic Flick, guitare rythmique, tombe malade, Big Jim ramène son jeune protégé, me prévenant que c'est un gamin, un peu fou dans son travail du son, répondant au nom de Jimmy Page. Le type s'installe et m'en met plein la tête. Le futur fondateur de Led Zeppelin était déjà surprenant. Dans un autre style, Reggie Young est irremplaçable. Il arrivait avec sa malle magique, tirée par quatre types, contenant une trentaine de guitares et une dizaine d'amplis, et il savait ce qu'il vous fallait dès les premières discussions autour du titre entendu sur la maquette. Et si, par malheur, sur un album auquel il avait participé, il ne jouait pas sur l'une des chansons, vous aviez tout de suite l'impression qu'il manquait quelque chose dans l'atmosphère de la mélodie. J'ai été bien entouré avec Dale Sellers, Steve Crooper et tant d'autres… mais je reste très attaché à Basile Leroux. Ce musicien a beaucoup de goût et, lorsqu'il trouve sa rythmique ou son solo, vous pouvez être certain qu'il n'y a rien à changer.

Au piano et aux claviers, je remercie les mimines de Pierre Papadiamandis (sachez qu'il n'est pas peu fier de son solo sur « Stop[2] »), Jean-Yves D'Angelo (un maître qui sait aussi conduire les violons), Michel Amsellem (également un excellent compositeur), David Briggs (à Nashville, c'est lui qu'il me fallait), Booker T. (un grand monsieur, avec ou sans ses MG's), Bill Payne (brillant compositeur et pianiste de Little Feat qui m'a éclaté sur « J'veux qu'on m'aime ») et Reg Guest (côté rock and roll, il en jouait très bien). Pour la pedal steel guitar, je n'ai pas à me plaindre. Entre Weldon Myrick, le créateur de ce son unique, Pete Drake, qui popularise cet instrument (avec son travail pour Bob Dylan, George Harrison, etc.), et Russ Hicks, je suis aux anges. Une préférence pour ce dernier, qui est, à mon avis, le Jimi Hendrix du genre. Quand on connaît la difficulté de jouer de cet engin, l'attention et la précision qui sont nécessaires pour le pratiquer (à un millimètre près, vous êtes faux), Russ apparaît comme un magicien. Je ne peux aussi que me réjouir lorsque je pense à l'enregistrement de « Choo Choo Ch'Boogie » et « Lester Leaps In » (un instrumental uniquement pour les radios, durant lequel j'annonce que je ne ferai pas de disque pour l'été 1975) avec le grand orchestre de Count Basie et de Woody Herman,

---

2. Album *Zig-zag* (1972).

où, comme amateur de jazz, j'ai pris un panard monstrueux, il n'y a pas d'autre mot.

Et les arrangeurs, alors ? Vince Mendoza, qui a écrit les violons du disque *Héros*, représente à mes yeux le grand spécialiste des cordes et le digne successeur d'un Nelson Riddle ou d'Axel Stordahl (qui firent des merveilles pour Sinatra). J'avais été très impressionné par son apport sur l'album *Both Sides Now* pour Joni Mitchell, surtout « Answer me, oh my love », chanson que je juge trop grandiloquente, mais qu'il a réussi à me faire apprécier. Je citerai aussi Rob Mounsey, créateur de petites merveilles pour *Grand écran*, *Big Band* et *La Même Tribu*, choisi sur les conseils de Quincy Jones que je salue au passage. Enfin, un grand merci à ces leaders, qui ont conduit sur scène et sur disque toutes ces équipes. D'abord, Charlie McCoy. Outre le fait d'être un grand harmoniciste (tout comme Jean-Jacques Milteau), il guide ses camarades avec une méthode qui lui est propre. Plus de partitions, mais des numéros pour les différents accords, ainsi tout tient sur une page. Et quand il dirige, attention à ses gestes. Par exemple, lorsqu'il se tape sur la tête, il faut reprendre au début du titre (un équivalent de « From the top »), ou lorsqu'il fait semblant de s'égorger avec un doigt, le chanteur doit s'arrêter et le solo commence. Je n'avais jamais vu ça auparavant. Je finis avec mon vieil acolyte Michel Gaucher. En tant qu'arrangeur, leader, compositeur, que ce soit pour le disque ou quand je faisais de la scène, j'ai en lui une confiance totale. Il sait comment m'entourer, me propose d'autres musiciens si mes habitués sont absents, et ses arrangements sont toujours exactement écrits dans l'esprit voulu. Et puis, quel bon saxophoniste ! Dire que je l'ai connu enfant, jouant « Petite fleur » à la fin des repas. Vieil ami, il souffle dans son instrument à mes côtés depuis 1962 (ou c'est moi qui chante non loin de lui, à vous de choisir), période Chaussettes noires.

Voilà qui clôt notre chapitre. Moi que l'on dit avare de compliments, il était temps d'écrire à propos de ces musiciens tout le bien que je pense d'eux.

P

Première fois

*« Ma passion pour le dessin
et mon envie de devenir dessinateur de BD
ont constitué mon premier vrai rêve. »*

Les premières fois sont souvent évoquées avec une certaine nostalgie et un regard tendre. Mais pas toujours. Par exemple, la première fois où je suis rentré en studio, j'ai vite déchanté. Si cet univers semblait magique, notre ingénieur du son d'alors, Jacques Lubin, savait nous ramener sur terre. Il nous apostrophait… à sa façon : « Bonjour, les merdes », « On y va, les merdes ? », etc. Grand amateur de jazz, il n'aimait pas ce qu'on faisait. Pas grave, j'ai quand même réussi à sympathiser avec lui quelque temps après. Pour cette première séance, Jean Fernandez avait prévu un autre bassiste et un autre batteur (des fois que), qui se sont d'ailleurs avérés nécessaires. Il faut dire qu'il y avait de sacrés numéros au sein du groupe. Pour l'enregistrement de « Madame, Madame » (adaptation du « Padame, Padame » de Piaf), William, le guitariste, n'avait pas d'idée pour le solo et avait engagé quelqu'un pour lui écrire un chorus. Cette personne, c'était Dean Noton, qui restera longtemps à mes côtés. J'étais abasourdi par cette fainéantise perpétuelle. J'en ai vite eu plein le dos des petites histoires de chacun, il fallait que ça cesse. Première et dernière fois que j'ai vu un musicien aussi peu investi et chaperonné par un autre à sa demande.

La première fois que je suis allé aux États-Unis, au milieu des années 1960, c'est grâce à Jean-Marie Périer. Je passe alors à l'Olympia, quand il vient dans la loge après le spectacle. Photographe pour *Salut les copains*, il me propose un reportage en Amérique. Avec Françoise (ma première épouse), on saisit cette formidable opportunité, d'autant plus que j'avais prévu un peu de repos après la scène. Nous partons donc, drivé par Jean-Marie, direction le Texas. J'avais un rêve de môme, grâce au cinéma, et voulais absolument voir Dallas. Arrivé là-bas, je me souviens du hall de l'hôtel, aussi grand qu'une gare. Imaginez un petit bonhomme, tel un dessin de Sempé, qui se dévisse la tête à regarder le plafond, d'une hauteur incroyable. En plein centre du hall se trouve une énorme statue dorée qui représente un cow-boy à cheval, sans doute un hommage à un pionnier, je pense. Je demande de qui il s'agit à l'un des employés, qui me répond que c'est… le patron de l'hôtel. Le rêve du vieil Ouest s'écroule. À l'époque, Dallas possède une architecture ultramoderne (des tours en verre aux contours mauves) et gigantesque. Je suis subjugué, on ne voit pas ce genre de bâtiments en Europe.

La salle Pleyel a vu mon premier passage sur scène. J'ai 14 ans et la salle est louée par le Crédit lyonnais, pour lequel je travaille. Au programme, les employés font de petits numéros sur scène, ils chantent, dansent, imitent, un orchestre derrière eux. « Claude Moine, fantaisiste » (ainsi que j'étais présenté) interprète « Rock, rock », le tube d'Eddie Constantine. Je fais un tabac, comme tout le monde ce soir-là. Des années plus tard, mon premier spectacle en tant que professionnel a lieu à Mulhouse avec Les Chaussettes noires. À la demande générale, on a doublé les trois ou quatre titres prévus à notre répertoire. Le public – des gens de goût, sans aucun doute – a cassé la salle.

La première fois que j'endosse réellement le costume d'acteur (et ne joue pas mon propre rôle), c'est pour *Gaston Lapouge*, un téléfilm de Franck Appréderis datant de 1981. Expérience passionnante, durant laquelle je me lie d'amitié avec Jacques Villeret, mon partenaire. Par contre, le scénario ne m'a pas laissé un souvenir impérissable. Ma première apparition au cinéma dans *Une grosse tête* (1962), réalisé par Claude de Givray (également scénariste du film avec François Truffaut), est aussi tombée dans l'oubli, à juste titre. Les Chaussettes noires y interprètent le « Rock des karts ». On a une journée pour tourner notre chanson. Nous débarquons sur le plateau les mains dans les poches, sans la bande d'enregistrement. En fait, tout est prévu pour que la cantine du film se transforme en studio. Quand débarque la star du film : Eddie Constantine. Fan de la première heure, je suis très ému. En plus, le type est adorable, il nous installe et demande le silence à l'équipe en train de déjeuner (« Attention, les petits vont enregistrer », criait-il), puis ferme les portes. On a rapidement sympathisé. Je le revois par la suite, chez lui à Montfort-l'Amaury. Il boit énormément de café, arrosé de Cutty Sark dès que sa femme a le dos tourné. Il me propose alors de participer à un film réalisé par Pierre Grimblat, dans lequel il interprète un patron de cirque père de deux enfants d'une vingtaine d'années – qui doivent être joués par Johnny et moi-même. Fort de mon admiration pour Constantine et de mon amitié pour Johnny, je suis on ne peut plus partant. Malheureusement, le projet ne verra jamais le jour.

Mes premiers succès en solo en 1962 (« Mais reviens-moi », « Quand c'est de l'amour ») m'ont permis de chanter avec un grand orchestre, et de montrer des talents de chanteur que je n'avais pas vraiment mis en avant jusque-là. C'est d'ailleurs leurs seuls mérites, car aujourd'hui c'est totalement inécoutable et incroyablement désuet.

Ma première cigarette, c'était une High-Life, vendue par paquets de dix. J'avais 12 ans, et j'ai été malade. Pour faire « homme » et impressionner les filles, j'ai recommencé tout de suite. Depuis, j'ai diminué ma consommation sans jamais m'arrêter. Une vraie connerie.

Ma passion pour le dessin et mon envie de devenir dessinateur de BD ont constitué mon premier vrai rêve. Mon premier essai dans le genre a été une reproduction de la couverture des *Nouvelles aventures de Blondin et Cirage*, album qui n'avait d'ailleurs pas été dessiné par Jijé[1], créateur de ces héros, mais par Victor Hubinon (futur dessinateur de Buck Danny). On les voyait courir, évitant de justesse les sagaies lancées par l'ennemi, au second plan un serpent s'enroulait autour d'un arbre. Avec beaucoup de difficultés, je suis parvenu à un rendu convenable, ce dont je n'étais pas peu fier.

Mon premier contact avec Eddie Barclay ne laisse pas présager de l'amitié qui s'ensuivra. À l'époque, il est pour moi le patron implacable, aux yeux bleus d'acier, parlant très peu. De plus, j'avais signé avec sa maison un très mauvais contrat (comme beaucoup d'autres artistes), je n'étais donc

1. Voir p. 197.

pas toujours de très bonne volonté. Par exemple, pour le troisième super 45 tours des Chaussettes noires, la maison de disques avait gardé la photo du disque précédent, seuls les titres changeaient sur la pochette ! J'étais furieux. En plus, on m'impose une télé (alors très importante, car dotée d'une unique chaîne) pour promotionner ces nouvelles chansons. Le jour J, je ne viens pas à l'émission, mais reste dans un bar à proximité. Le cachet proposé ressemblant plutôt à un comprimé, lorsque la prod me joint en catastrophe, je demande une somme exorbitante et la maison Barclay plie. Je rencontre dès lors Eddie plus souvent. J'avoue avoir été surpris par son bureau et ses gadgets. Parmi les plus farfelus, une splendide boîte noire – on appuyait sur un bouton pour qu'une main en sorte et s'ouvre, il fallait alors lui donner une pièce et celle-ci disparaissait subitement. Ce type d'objet inutile me fascinait, et m'a permis de voir autrement le grand P-DG, et son humour décapant. Avec le temps, nous sommes devenus très amis.

Pour l'album *De Londres à Memphis* (1967), je m'entoure pour la première fois de musiciens américains. En fait, je m'arrête d'abord aux studios CBS de Nashville pour y enregistrer les maquettes qui serviront pour la partie produite à Muscle Schoals. L'endroit m'impressionne. Outre le fait que Johnny Cash et Elvis Presley y viennent régulièrement, la lumière du lieu même est commandée par la voix.

Quand vous susurrez, l'éclairage se tamise automatiquement, et s'intensifie au contraire lorsque vous chantez un titre rentre-dedans. Le tout avec variations, bien entendu. Le dispositif donne plus envie de s'amuser que de travailler réellement les chansons... Ajoutez aussi une cantine réservée aux studios, une salle de jeux pour se détendre, des distributeurs de boissons diverses et un bar avec salon pour pouvoir discuter, ces espaces n'ont décidément rien de commun avec les studios européens de l'époque (et surtout français). À Muscle Schoals, le paysage est rudimentaire. Une grande rue, du béton et de l'herbe – j'ai l'impression d'être dans un dessin de Morris. En tant que Français et Européen, je fantasme quelque peu sur l'idée que, dans le haut lieu de la soul music, tous les musiciens sont noirs. Le premier jour, à ma demande, on m'amène un orchestre de Blacks, qui ne font pas l'affaire. Les types savent reproduire mais n'ont pas d'idées. L'équipe finalement choisie est habituée à travailler au studio pour Wilson Pickett, Aretha Franklin ou Arthur Conley... et est majoritairement composée de Blancs (David Hood, Roger Hawkins...) ! Avec cette équipe sur mesure, tout se passera merveilleusement bien.

Q

Quiproquo

« Malheureusement, je ne maîtrise pas à ce moment-là la prononciation de “house”, *qui se transforme dans ma bouche en* “ass”… »

Les quiproquos m'amusent beaucoup, car ils peuvent souvent se transformer en gags, bien sûr involontaires. Ma difficulté à parler correctement l'anglais, par exemple, m'a régulièrement joué des tours. Je me souviens d'avoir été invité à dîner, lors d'un passage à Nashville, chez Charlie McCoy pendant un jour off de nos habituelles séances de studio. Sur place, mon équipier Jean Fernandez et moi sommes reçus comme des princes. La maison se situe à la campagne à l'extérieur de la ville. Mme McCoy a mis les petits plats dans les grands. Des cuisses de poulet marinées ont été préparées pour le barbecue, des cheese-burgers somptueux entièrement maison (du pain aux diverses sauces, douces et épicées) nous attendent, une tarte au citron (une *key lime pie*) comme je les aime embaume la cuisine… Nous sommes gâtés. Avant de passer à table, Charlie nous fait visiter sa demeure, concluant par le salon où on s'installe pour l'apéritif. Après avoir évoqué quelques musiciens et parlé du travail en cours autour d'un Mint Julep savamment dosé, son épouse nous rejoint. Je remercie évidemment la maîtresse de maison pour son hospitalité délicieusement sudiste, et m'émerveille à propos de son chaleureux foyer : « *You've got a beautiful house* » (« Vous avez une jolie maison »). Malheureusement, je ne maîtrise pas à ce moment-là la prononciation de « *house* », qui se transforme dans ma bouche en « *ass* »… Je viens donc de dire en toute innocence à notre hôtesse « Vous avez un joli cul » ! Choquée et rouge de colère, elle demande des explications à Charlie qui, avec un regard amusé, lui explique que l'anglais et moi, ce n'est pas toujours au point. L'accident diplomatique est évité de justesse. J'espère qu'elle a eu depuis d'autres exemples plus appropriés de la courtoisie française.

Je frôle encore une fois la catastrophe à cause de mon anglais durant les séances d'*Après minuit*. Je suis à l'hôtel avec Jean, lorsque le téléphone sonne. C'est moi qui décroche : l'anglais parlé à l'autre bout du fil est bien trop rapide et baragouiné à mon goût, je ne comprends absolument rien à ce que l'on me raconte. Sauf une chose : la personne dit s'appeler Audie Murphy[1]. Ce comédien étant mort depuis longtemps, je pense à un canular et raccroche sans cérémonie. Alors que Jean me demande qui était à l'appareil, je n'ai pas le temps de lui expliquer que la sonnerie se fait à nouveau entendre et, cette fois, c'est lui qui répond : « Bonjour, c'est Audie Ashworth... » Cette vieille connaissance est devenue le manager de J.-J. Cale et, par un sublime hasard, nous propose de faire venir son poulain pour enregistrer le lendemain[2] ! Cette rencontre a bien failli ne pas voir le jour, cela aurait été bien dommage et le fautif s'en serait mordu les doigts...

Dans un autre genre, voici une anecdote plus réjouissante : après la sortie de l'album *Jambalaya*, je décide d'organiser un dîner en famille avec trois ou quatre amis. Pour l'occasion, mon épouse Muriel se lance avec succès dans la réalisation de ce plat typique du sud des États-Unis[3]. Alors que de la cuisine se dégagent des odeurs appétissantes, nos invités arrivent. Il y a là Laurent Gerra et sa compagne, ma fille Pamela et Claude Wild. J'ai aussi convié

1. Audie Murphy est le soldat américain le plus décoré de la Seconde Guerre. Il débute au cinéma en 1948, et deviendra le héros d'une trentaine de westerns (*Kansas en feu* de Ray Enright, *À feu et à sang* pour Budd Boetticher, *La Charge victorieuse* de John Huston, *La Rivière sanglante* signé Nathan Juran, etc.). Il décède à 46 ans en 1971 dans un accident d'avion.

2. Voir p. 118.

3. Le jambalaya est un mets d'origine créole et cajun qui provient de la Louisiane.

Johnny, mais ce dernier m'a laissé un message sur le répondeur en fin d'après-midi disant qu'il adorait le jambalaya, mais qu'il avait un imprévu et ne pouvait finalement pas se joindre à nous. Tant pis pour lui, que cela ne nous empêche pas de passer à l'apéritif. Une demi-heure plus tard, la sonnerie de la porte d'entrée résonne. J'ouvre et trouve sur le pas mon vieux camarade. « Que se passe-t-il ? Tu m'as téléphoné pour me dire que tu ne venais pas, tu as changé d'avis ? » Immédiatement, Johnny me rétorque qu'il ne m'a jamais téléphoné. À la limite de l'engueulade (« Tu peux quand même préciser si tu viens ou pas. Pour qui tu te prends ! » je lui assène), nous entrons tous les deux dans le salon, et découvrons Laurent hilare. Je comprends immédiatement que nous sommes victimes de ce grand farceur. Il a tout simplement imité avec talent (comme à son habitude) la voix de mon ami au téléphone. Tout le monde éclate de rire, alors que je me confonds en excuses auprès de Johnny pour mes propos un peu rudes.

Durant l'enregistrement de ce même album à Los Angeles, un autre quiproquo plus grave survient. Un matin, je me réveille avec un mal de dents pas possible. J'ai la bouche enflée et peine à l'ouvrir, même pour quelques mots. Quand on doit aller chanter, c'est gênant. Je préviens Pierre Papadiamandis que je viendrai aux séances plus tard ; pour le moment, direction le dentiste. Sur place, ce dernier m'enlève une dent et me demande mon métier. Je lui explique que je suis attendu en studio pour chanter. Il me donne alors des médicaments « à l'américaine » (pour ne pas dire de la came) et autant dire que je ne sens plus rien, tout est revenu à la normale – ou presque. Je plane complètement. Au studio, l'équipe travaille sur « L'amour se trouve au coin de la rue », une chanson écrite avec Henri Salvador (une de mes idoles de jeunesse). Après avoir salué tout le monde, j'entre dans la cabine. La musique démarre, et je chante « Please don't talk about me when I'm gone », façon Jerry Lee Lewis. Pierre me regarde, éberlué, ainsi que les musiciens, alors que j'explique que ce ne sont pas les bons accords pour ce titre. Jusqu'à ce que je réalise que cette mélodie n'a jamais été au programme et que toute l'équipe joue la chanson tandis que moi je suis aux fraises. Je sors de la cabine, en me traitant de tous les noms d'oiseaux que je peux connaître. Un mois plus tard, de retour à Paris, Pierre prend un ton grave : « En studio, tu m'as mal parlé. » J'en viens donc à lui raconter toute l'histoire, et surtout le fait que je m'insultais moi-même. S'il gardait plus longtemps pour lui cet incident, il risquait de se faire un ulcère à l'estomac ! Depuis, tout s'est arrangé et je prends mes précautions dentaires largement à l'avance avant de faire un disque !

R

Rencontres

« Sachant que Gene dégainait facilement le couteau
et avait systématiquement
un flingue sur lui, je n'insistais pas. »

À travers mon métier, que je pratique depuis déjà pas mal de temps, il m'est arrivé de côtoyer, ou même d'approcher pour une courte durée, des personnalités avec lesquelles j'ai parfois tissé des liens d'amitié. Acteurs, chanteurs, réalisateurs, voici donc ici ces rencontres importantes mélangées pêle-mêle. Commençons par mes idoles de jeunesse et par ces comédiens qui m'ont tant fait rêver. À la fin des années 1970, j'endosse occasionnellement pour m'amuser le costume de journaliste de cinéma pour Europe 1, dont Pierre Lescure est le rédacteur en chef adjoint. L'émission est animée par Christian Barbier et se déplace pour les festivals de cinéma. Grâce à Jean-Claude Missiaen, avec lequel j'avais sympathisé quelques années plus tôt alors qu'il n'était pas encore réalisateur, mais attaché de presse pour Les Artistes associés, je décroche une interview avec Burt Lancaster. Invité pour Deauville, il se retrouve assailli de questions par deux fans en demande (Jean-Claude étant également présent, comme traducteur). Et ses réponses sont des plus passionnantes. Il nous raconte pourquoi il est devenu producteur de ses films deux ans seulement après ses débuts, comment il a refusé la direction de la MGM (Metro Goldwin Mayer) dans les années 1950 et tout un tas d'autres anecdotes essentielles (dont son refus d'interpréter Ben-Hur) pour les passionnés de ce monstre cinématographique. Il nous parle même de son projet du moment, une suite au *Corsaire rouge*, et nous brosse les grandes lignes du script : le héros a vieilli et a eu un fils. Mais loin de poursuivre les exploits de son père, le rejeton préfère s'adonner à la danse. Le film devait être mis en scène par Franco Zeffirelli, mais ne verra jamais le jour. Tant pis, mais je garde un grand souvenir de cette longue entrevue. Plus caustique, Robert Mitchum se moquait très facilement de sa carrière et de son statut de star. Venu à Paris pour faire la promotion du remake du *Grand Sommeil*[1], il est l'invité de Michel Drucker

1. Film policier de Michael Winner (1978), avec Robert Mitchum, Sarah Miles, Richard Boone, Joan Collins, James Stewart, John Mills et Oliver Reed. Adapté d'après le roman de Raymond Chandler, c'est aussi

pour une émission dans laquelle je figure également. Son humour désinvolte face à l'animateur préféré des Français fait mouche. Lorsque ce dernier lui demande plus d'informations sur cette nouvelle version du classique signé Hawks, le comédien rétorque : « Le titre est bien pensé. » Fin de l'émission, je dois demander un autographe pour mon fils, une mission devenue délicate. Intimidé par Mitchum, je suis incapable de me diriger vers lui et reste tétanisé. C'est ma femme, Muriel, qui s'occupe de faire signer une superbe photo de plateau de *Celui par qui le scandale arrive*[2] que j'ai apportée spécialement. Le comédien, certain que mon épouse ne s'appelle pas Eddy, lui demande qui est cette personne. Et là, elle me désigne, lui expliquant que c'est le fils de ce grand gaillard qui n'ose pas venir le voir. Mitchum se tourne alors vers moi et s'amuse de mon embarras. Nous engageons la conversation, puis décidons de dîner ensemble. Il désire manger américain. Nous traversons Paris pour l'amener chez Joe Allen. Découvrant la capitale, Mitchum nous demande de nous arrêter devant le Centre Georges-Pompidou. Après avoir attentivement regardé la construction, il se retourne vers nous et lance : « Ah, quelle belle distillerie ! » Notre

---

le remake du film homonyme (1946) de Howard Hawks, avec Humphrey Bogart et Lauren Bacall.

2. Drame signé Vincente Minnelli (1960), avec Robert Mitchum, Eleanor Parker et George Peppard.

soirée n'engendre pas la morosité, Mitchum est truculent : il nous raconte qu'il a abordé sa carrière en pensant au chien Rintintin (« Ce qu'un animal peut faire, un homme doit y parvenir ») ! Le lendemain, je dois l'interviewer pour Europe 1. L'entretien est tout aussi drôle. Il explique qu'à ses débuts comme cascadeur, il ne savait pas monter à cheval, tombant systématiquement (mais avec allure) de sa monture... c'est comme ça qu'il fut engagé ! Le comédien parle de son métier avec ironie, mais surtout beaucoup de modestie. Cette émission m'a amené à rencontrer d'autres acteurs de la même trempe, comme Glenn Ford (aux yeux imbibés de vodka), qui nous narra comment George Marshall[3], son réalisateur de prédilection, était mort dans ses bras lors d'une fête californienne. J'ai aussi eu la chance de converser avec James Mason, qui m'a confié que pour mieux aborder le rôle du capitaine Nemo dans *20 000 lieues sous les mers*[4] (première production Disney en prises de vues réelles), il avait demandé à visionner des extraits avec les grands méchants des dessins animés maison afin de savoir jusqu'où

---

3. Le réalisateur George Marshall a eu une carrière couvrant plus de cinquante années de cinéma avec plus de cent quatre-vingts films (dont de nombreux courts-métrages) à son actif. Il fera équipe à huit reprises entre 1941 et 1964 avec Glenn Ford (dont *La Vallée de la poudre*, *Le Bataillon des lâches*, *Texas*), et le dirigera à nouveau en 1972 pour un épisode de la série TV « Sam Cade ».

4. Adapté d'après l'œuvre de Jules Verne, *20 000 lieues sous les mers* (1954) est réalisé par Richard Fleischer avec Kirk Douglas et James Mason.

il pouvait aller dans son personnage. J'ai aussi vécu un grand moment avec Kirk Douglas pendant le Festival de Cannes, où M. Spartacus, en forme, entonna quelques chansons tirées de ses films. Je peux dire que cette aventure radiophonique a comblé mes rêves de cinéphile.

Chanteur avant tout, j'ai évidemment échangé avec nombre de mes confrères, dont certains pour lesquels j'ai une admiration toute particulière. Le premier, en tête, c'est Otis Redding. Venu pour un Olympia en 1966, il était distribué en France par une annexe de Barclay représentée par Bernard de Bosson, un vrai cinglé de musique. Fou de cet artiste, je suis invité à passer le voir dans sa loge après le fantastique spectacle qu'il donne. Le courant passe. D'autant plus que je viens d'acheter, juste avant de venir, le dernier album de Little Richard en import et qu'Otis tombe en admiration devant. Venant lui aussi de l'État de Georgie (comme James Brown) et fan du créateur de « Tutti frutti », il dévore des yeux cette galette que je lui offre sur-le-champ. Puis nous partons dîner, ma femme et moi, avec lui, son manager et de Bosson. À table, il se dit ravi de l'accueil que lui ont fait les Parisiens, rigole et chantonne tout le temps, écrit des notes et des paroles sur la nappe en papier dont il déchire une partie pour la mettre dans sa poche (servira-t-elle plus tard ?). Un type très sympathique parti bien trop tôt (il décède dans un accident d'avion à l'âge de 26 ans). J'ai également eu l'occasion de côtoyer Gene Vincent à l'époque des Chaussettes noires, durant une semaine de tournée commune. Adorable à certaines heures, il pouvait devenir en un instant très agressif. Perpétuellement sous morphine à cause de ses blessures à la jambe, il aimait bien, le matin vers 9 heures, prendre le petit déjeuner avec moi. Après le traditionnel café croissant, il passait à la bière et au scotch, puis au Martini dry dès l'après-midi. Par contre, il ne comprenait pas pourquoi il y avait des droits d'adaptation française à verser sur « Be-Bop-A-Lula ». Il cherchait donc à casser la figure à un certain « C. Moine » (prononcé « Si Moani » en anglais), le fameux parolier de la version française… Votre serviteur, donc ! J'avais beau lui répéter que Moine était mon véritable nom et donc que je plaidais coupable, il refusait de me croire : « Non, toi, t'es un gentil, ce n'est pas toi. Par contre, lui, si je le trouve… » Sachant que Gene dégainait facilement le couteau et avait systématiquement un flingue sur lui, je n'insistais pas. Je l'ai revu bien plus tard, un peu avant sa mort, dans un restaurant thaï où, enrhumé, il avait bien du mal à ne pas éternuer au milieu des exquises odeurs dégagées par les plats commandés. Sorte de Jekyll et Hyde fusionnés, Gene vivait trop vite et n'aurait rien eu à envier aux punks et autres rockers venus par la suite.

Après avoir évoqué tout au long de ce livre de nombreux musiciens, il serait peut-être temps de penser à mes partenaires à l'écran. Commençons par les « gars du quartier ». Même si *Comment réussir en amour*[5] a marqué les esprits, je n'ai alors pas de séquences avec Michel Serrault, mais avec son acolyte Jean Poiret (que je reverrai souvent par la suite). Je rencontre Michel plus tard. Très vite, s'installe une grande complicité. Il avait habité porte du Pré-Saint-Gervais, fréquenté le cinéma Danube et, pour lui, tous les gens qui venaient du coin étaient formidables. Après *À mort l'arbitre !* (1984), notre premier film véritablement ensemble, je n'ai aucune envie de retravailler avec le réalisateur Jean-Pierre Mocky. C'est Michel qui insiste pour que je vienne sur *Ville à vendre* du même metteur en scène. Il m'appelle pour me dire : « Allez, viens, tu vas m'aider pour jouer. » Bien sûr, cet immense comédien n'a aucunement besoin de moi pour pratiquer son art, mais il aime bien s'entourer de copains. Je me laisse facilement convaincre. Plus tard, il veut absolument que je tourne avec lui sur *Vieille Canaille* de mon camarade Gérard Jourd'hui. Mais là, aucun rôle écrit pour moi ou qui me corresponde. Je dois donc refuser, mais

5. Comédie mise en scène par Michel Boisrond (1962), avec Dany Saval, Jean Poiret, Michel Serrault et Jacqueline Maillan. Eddy Mitchell y apparaît avec Les Chaussettes noires dans un club et interprète « Oublie-moi ».

Michel m'appelle, un peu furibard : « Qu'est-ce que j'apprends, on ne veut pas tourner avec Mimi, son vieux copain ? » Je lui explique la situation, mais comme il reste mécontent, je lui rendrai visite sur le plateau afin de lui prouver mon amitié. Éternel chenapan, Michel m'a immédiatement adopté et a toujours fait équipe avec moi, comme on peut s'en rendre compte dans *Le bonheur est dans le pré* (1995). Avant *À mort l'arbitre !*, Guy Marchand m'avait prévenu que ça ne pouvait que marcher avec Michel, puisque nous venions tous deux du 19e arrondissement. Saltimbanque accompli, Guy fait partie de mon univers depuis ma tendre enfance (il habitait place des Fêtes). Mon camarade sait tout faire, de la comédie au drame, et il est en plus excellent chanteur – je trouve pourtant qu'il est un peu sous-estimé, qu'il n'a pas le statut qu'il mérite. Il m'a piqué le César du meilleur second rôle à l'époque de *Coup de torchon* (1981) pour sa remarquable prestation dans *Garde à vue*. Qu'il se rassure, je ne lui en veux pas, mais, quand même, ça ne se fait pas entre vieilles connaissances ! Dans cette adaptation du roman de Jim Thompson avec Philippe Noiret, je me suis très facilement intégré à une nouvelle famille de comédiens. Après de nombreuses aventures sur ce *Coup de torchon* (dont une cascade périlleuse, la seule du film, où je me casse véritablement un doigt), nous nous rencontrons toujours avec plaisir par la suite. Notre jeu favori était de parler des uns et des autres à la troisième personne, ainsi Philippe apostrophait l'intéressé :

« Tiens, Jean Rochefort a brillamment participé à un concours hippique. Il est bon sur un canasson.

— Certes, lui répondait-il alors, mais Philippe Noiret, ce grand tragédien, est aujourd'hui à l'affiche d'une comédie.

— Et pendant ce temps-là, concluait ce dernier, Eddy Mitchell, lui, s'amuse sur scène, et devant un public encore. »

On s'appelait aussi par de doux petits noms, accompagnés d'un adjectif possessif, « son Fifi », « son Jeannot », « son JP » (pour Marielle), etc. Autant dire que les retrouvailles étaient toujours joyeuses. Dans ces gamineries, Jean Rochefort faisait démonstration d'un humour très britannique. Je me souviens que sur *Frankenstein 90*, notre pauvre maquilleuse était tout le temps enrhumée et toussait systématiquement lorsqu'elle nous approchait. Jean a alors eu cette merveilleuse réplique : « Ah ! On ne peut pas dire que ce soit les Vosges. » C'est beau. Autre acteur que j'aime beaucoup, Gérard Lanvin. Je le connais depuis très longtemps, à l'époque où il était vendeur chez Western House, puis nous nous sommes retrouvés lors de dîners chez Coluche. J'ai tourné avec lui *Ronde de nuit* et l'ai trouvé très investi, aussi bien dans la comédie que dans les cascades que nécessitait le film. Mec adorable et drôle dans la vie, il peut changer du tout au tout face à certains médias, peut-on lui en vouloir ? Christophe Lambert, avec lequel j'ai partagé l'affiche de *I Love You* (1986), un film étrange (c'est le moins que l'on puisse dire) signé Marco Ferreri, est un acteur et ami qui m'a beaucoup aidé dans cette curiosité digne de son auteur. J'ai d'autre part beaucoup d'estime et d'amitié pour Pierre Richard, un larron découvert sur le tard (avant *Les Vieux Fourneaux*, je ne le connaissais que de vue), qui en tant qu'acteur ne se prend jamais au sérieux, mais reste toujours à l'écoute des autres, tout en connaissant son texte sur le bout des doigts. Au théâtre, ma petite expérience m'a amené à travailler avec Fred Testot pour *Un singe en hiver*. J'ai été ravi de faire équipe avec lui. En relisant le livre de Blondin, je me suis rendu compte que le personnage de Fouquet frise souvent la folie, Fred est donc l'interprète parfait pour le rôle. Un pari réussi, car passer derrière Belmondo, c'est loin d'être facile.

Et les actrices ? Mes partenaires féminines ont souvent été essentielles dans mon approche du métier, et m'ont réservé quelques surprises lors des tournages. Prenons le cas d'Isabelle Huppert. Comédienne formidable (ça, vous le saviez), ce petit bout de femme est la seule sur *Coup de torchon* à ne pas avoir succombé au paludisme, contrairement à Noiret, Marielle et moi qui avons été cloués au lit pendant deux ou trois jours. Elle passe à travers tout. Pour les besoins d'une séquence, je dois lui courir après pour la tabasser. Après quatre prises sous une chaleur avoisinant 45 °C, je n'en peux plus et tombe. Isabelle est prête à recommencer, fraîche comme un gardon. Je suis resté très ami avec cet être hors du commun. Dans *À mort l'arbitre !*, ma petite amie à l'écran est Carole Laure. Dans le scénario, il y a cette scène très bien écrite où le héros, moi donc, qui protège systématiquement sa copine, se fait casser la figure, et c'est elle qui le sort de là en frappant avec méthode ses agresseurs. Cette séquence était tout le temps au programme sur la feuille de service, mais on ne la tournait jamais. Elle, qui faisait pourtant très attention à son accent canadien, tout d'un coup craque. Elle me convoque dans sa loge ainsi que le réalisateur Jean-Pierre Mocky et lui passe un savon comme j'en ai rarement entendu. Elle éclate : « Pourquoi on ne la fait pas ? Tabernacle d'hostie… » Après ce déluge verbal, Mocky nous retourne comme deux crêpes. Prenant son accent nasillard, il lui répond calmement : « Vous savez, pour ce film, Michel Serrault n'a pas un rôle comique, donc on ne sait pas ce que ça va donner. Eddy Mitchell est surtout connu comme chanteur, mais, comme comédien, il est loin d'être confirmé. Quant à vous, Carole Laure, vous n'êtes rien. » Nous sommes restés assis, Carole, écroulée, répétant que notre metteur en scène était décidément complètement cinglé. Sur *Le bonheur est dans le pré*, Serrault et moi avons été farceurs avec Sabine Azéma. Le matin avant le tournage, la voilà partie en collants et T-shirt pour de longues promenades à vélo. Pour décourager la sportive, nous lui indiquons qu'elle doit faire attention, car nous avons vu deux types la reluquant bizarrement, prêts à la suivre. Le lendemain, elle sort emmitouflée jusqu'au cou pour ses exercices sous un cagnard d'enfer, suant à grosses gouttes. Nous étions contents de notre blague. Notre tragédienne (nous la surnommions ainsi) a cependant pris sa revanche. Un jour, elle nous annonce qu'elle ne peut déjeuner ni dîner avec nous, car elle reçoit la visite de son amant. Immédiatement, nous lui demandons qui est l'heureux élu. « Ah ça ! Je ne peux pas vous le dire ! » s'exclame-t-elle. Michel insiste, et j'en remets une couche. Finalement, elle lâche le nom de Lionel Jospin. Bien évidemment, cette relation amoureuse n'a jamais existé. Mais on a marché à fond. J'ai également rencontré Alain Resnais, son époux. Charmant, cet homme d'une rare gentillesse, à l'univers en apparence très éloigné de moi, est un fou furieux de BD (de Will Eisner le dessinateur du Spirit, mais aussi de Chester Gould et de son héros Dick Tracy) et un passionné de James Cagney et de westerns. Rien à voir avec ses propres films comme *Mon oncle d'Amérique* ou *Muriel.* Je lui ai même offert (lors d'une vente aux enchères) la canne de Cagney : il était heureux comme un môme. Quant à Sabine, je garde un superbe souvenir de ce tournage durant lequel j'ai pu constater ses talents de comédienne. J'en profite aussi pour saluer Alexandra Lamy (ma fausse nièce dans *L'Oncle Charles*), Miou-Miou (avec laquelle j'ai travaillé sur *Populaire, La Totale,* et *Attention, une femme peut en cacher une autre !*), et Sandrine Bonnaire (qui comme moi n'aime pas improviser, même à la demande de Claude Lelouch sur *Salaud, on t'aime*). Et je n'oublie pas Cécile de France, ma partenaire pour la pièce *Le Temps des cerises.* Du talent, elle en a, et j'ai rarement rencontré quelqu'un qui prenait aussi bien la lumière pour la caméra ou la scène. Une vraie magicienne dotée d'un bon caractère.

Au fil de ces formidables rencontres, j'ai eu la chance de pouvoir côtoyer des mondes complètement opposés, proposés par des cinéastes très différents. Être acteur, c'est un vrai travail. Il faut savoir rentrer dans la tête de ces metteurs en scène, saisir leur perception du personnage et, parfois, « améliorer » cette vision grâce à son jeu. Il peut arriver que cette compréhension mutuelle soit difficile. Marco Ferreri, pour *I Love You*, par exemple, avait prévu un plan-séquence[6] accompagné de trois pages de texte. Pendant plusieurs jours, après le tournage et durant le week-end, j'apprends le texte en le récitant incessamment à mon épouse devenue répétitrice

6. Scène tournée en un seul plan.

forcée pour l'occasion. Le jour J, on tourne ce long monologue. Je suis content au bout de deux prises : je n'ai pas eu de trous, ai bien respecté le mouvement d'appareil et les emplacements au sol... quand Ferreri vient vers moi pour me dire (avec son bel accent italien) : « Tu sais, coco, le texte est très mauvais, tu vas la refaire en racontant ce que tu veux, on s'arrangera au montage. » Je l'aurais étranglé, malgré sa gentillesse. Je me demande s'il se rendait compte du boulot que ça avait demandé. Bertrand Tavernier fonctionnait différemment. Pour *Coup de torchon*, son script (écrit ici avec Jean Aurenche) est parfait et surtout précis. Il aime vraiment ses comédiens, qu'il abreuve d'attentions et d'humour. Et puis, j'apprécie ce réalisateur (comme j'apprécie Ferreri d'ailleurs), excellent directeur d'acteurs, que ce soit pour *Le Juge et l'Assassin, Quai d'Orsay* (Thierry Lhermitte y est formidable) et tant d'autres. Avec Georges Lautner, j'ai rencontré un homme d'une rare gentillesse. Plus technique que d'autres, il connaissait parfaitement son métier. Il en fait démonstration sur *Attention, une femme peut en cacher une autre !* : Jean Rougerie, admirable second rôle, venait alors pour seulement deux jours de tournage ; il débarque sur le plateau, ne connaissant personne, alors que l'équipe et les comédiens se pratiquent depuis plusieurs semaines. Lautner le met à l'aise, sur un pied d'égalité avec les autres, et lui prête toute son attention. Du coup, l'acteur est décontracté et donne le meilleur de lui-même. Une méthode qui a prouvé son efficacité. Doté d'un esprit caustique (que je partage), Étienne Chatillez est quelqu'un de chaleureux, qui laisse son acteur libre dans son interprétation, tout en sachant vite le ramener vers ce que lui désire ou cherche (et avec Serrault, la tâche n'est pas forcément facile). Les scénarios des films de Jean-Pierre Mocky sont toujours très bien écrits, tout du moins ceux qui me concernent. Mais pour des raisons diverses (parce que rognant systématiquement sur la production, surtout), la mise en scène est rarement à la hauteur. L'anecdote qui résume bien le personnage fait intervenir à nouveau Serrault : sur *À mort l'arbitre !*, Laurent Malet, un peu désarçonné par le manque d'indications de Mocky, demande conseil à Michel qui lui répond : « On est en train de tourner un Mocky, tu comprends ce que ça veut dire ? Si tu veux être dans le film, quand il dit moteur, tu te mets devant la caméra. » Ce cinéaste garde tout de même à son actif quelques réussites (*Les Compagnons de la marguerite, Drôle de paroissien, Le Miraculé*), ce qui est déjà extraordinaire. Second rôle pour *Jusqu'au bout du monde*, je me suis régalé à suivre la cascade voiture mijotée par Rémy Julienne. Sur une route ardéchoise, le véhicule partait en l'air et prenait feu après un impact au sol. J'étais comme un gamin et le réalisateur Wim Wenders à mes côtés était lui aussi un spectateur heureux. Je garde de bons rapports avec ce cinéaste, et c'était également la première fois (nous étions en 1991) que je voyais un combo vidéo[7] sur un plateau. Un outil intéressant. Pour *Ronde de nuit* (1984), je retrouve mon camarade Jean-Claude Missiaen, passé derrière la caméra. Un tournage qui se passe bien malgré un été étouffant à Paris – je l'ai maudit lorsqu'il m'a fait courir en bottes ! Enfin, je termine avec Christophe Duthuron, jeune réalisateur des *Vieux Fourneaux* (2018) : son script adapté de la BD de Paul Cauuet et Wilfrid Lupano (également coscénariste) est excellent, tout comme sa direction d'acteurs. Il a su mélanger BD, dessin animé et comédie (parfois proche de l'italienne) avec goût, et a su rester toujours de bonne humeur malgré la pression d'un premier long-métrage. On ne voit pas ça tous les jours.

7. Écran permettant de voir directement la prise tournée.

S

Saint-Tropez

« C'est mon petit coin de paradis. »

La première fois que j'ai découvert ce charmant village, j'avais 17 ans. Je suis tombé rapidement sous le charme de l'endroit et de la nature environnante. J'y suis souvent retourné par la suite, chez Eddie Barclay ou pour des vacances familiales, et j'ai toujours pensé qu'un jour il me faudrait venir m'installer ici. Mais le temps a passé et je ne trouvais ni le temps ni l'argent nécessaires pour dénicher la demeure qui me conviendrait. Des amis, Georges et Yvette Bain (les anciens patrons du célèbre Café des Arts), me signalent un jour une maison à vendre près de chez eux. Je me rends sur place, et tombe immédiatement amoureux de la vue incroyable de la terrasse sur tout le golfe tropézien. J'aurais mieux fait de rentrer à l'intérieur avant de l'acheter, car ce ne sont pas les travaux de réfection qui ont manqué. J'adore les gens du coin et la vie que je mène là-bas. Synonyme de détente, donc de vacances, mais aussi de tranquillité pour le travail (le lieu idéal pour écrire au calme), la maison me permet également de me mettre en cuisine pour la famille, de me balader (hors saison) comme je veux, d'aller déjeuner sur une plage ou de profiter d'une promenade en bateau. Cette douceur de vivre due au climat a déteint sur ma famille et toute ma bande d'amis sur place (que je vois la plupart du temps à Paris). Loin du stress parisien, mais aussi des folles nuits tropéziennes, c'est mon petit coin de paradis.

La lettre S m'évoque aussi la « salle », pour le cinéma. Ma passion pour le grand écran m'a été vitale, encore une fois. J'ai ensuite possédé ma propre petite salle dès le début des années 1970 avec des copies 35 mm, montant moi-même les films en deux bobines, recollant minutieusement les cassures quand nécessaire, et suis devenu un vrai projectionniste. Heureusement, le progrès est là. Depuis déjà plus de vingt ans, je me suis débarrassé de tout ce matériel encombrant (les bobines sont devenues trop lourdes), regrettant tout de même parfois le grain de la péloche (et même le toucher) pour le plaisir du home cinéma. Et c'est à Saint-Tropez que je m'adonne à mon vice. Dans mon refuge, je mange du Blu-ray et du DVD, rattrapant mon retard sur l'actualité cinématographique.

Les pieds en bouquet de violettes, je découvre avec émerveillement (il y a déjà pas mal de temps) *Broken Horses*[1], *La Isla minima*[2], *Sale temps à l'hôtel El Royale*[3] ou l'étonnant *Only the Brave*[4], attendant avec impatience le prochain Christopher Nolan[5] et tant d'autres. Je suis aussi devenu un grand fan de séries, avec une préférence pour *Gotham*, *Peaky Blinders*, *Penny Dreadful* (malheureusement déjà terminée) et comme tout le monde *Game of Thrones*.

Voilà, contrairement aux dires, je suis loin de me contenter de revoir à longueur de journée l'œuvre de Burt Lancaster ! Ça, c'est le passé. Enfermé avec l'air conditionné ou le chauffage, je suis à l'abri des saisons. D'ailleurs, j'y retourne de ce pas.

---

1. Sorti en français en 2015 sous le titre *Brothers* (2015), il s'agit d'un policier signé Vidhu Vinod Chopra, avec Anton Yelchin et Vincent D'Onofrio.
2. Policier mis en scène par Alberto Rodriguez (2014), avec Raúl Arévalo.
3. Thriller de Drew Goddard (2018), avec Jeff Bridges, Dakota Johnson, Cynthia Erivo et Chris Hemsworth.
4. *Only the Brave* ou *Line of Fire* (en VOD), drame réalisé par Joseph Kosinski (2017), avec Josh Brolin et Miles Teller.
5. Christopher Nolan a notamment mis en scène *Batman Begins* (ainsi que deux autres volets autour de Batman), *Le Prestige* et *Dunkerque*.

T

Traversée du désert

« J'avais beaucoup de mal à chanter
ces chansons aux mélodies compliquées,
et ne parlons pas des arrangements
et des textes (écrits par moi-même ou d'autres) complexes. »

Pas question ici de vous raconter des aventures se passant dans le Sahara ou en Libye, mais d'une période d'incompréhension entre le public et moi-même. Entre 1969 et 1973, rien à faire, je n'intéresse pas grand monde. Pour l'album *Zig-zag* (1972) par exemple, malgré des chansons intéressantes (du moins à mon avis) comme « En revenant vers toi », « C'est facile » ou « Stop », ainsi qu'une bonne presse et une diffusion non négligeable en radio, le résultat est loin d'atteindre mes espérances. J'ai le sentiment d'être à côté de la plaque. La mayonnaise ne prend pas. À un moment, je croise Mort Schuman. Celui-ci me confie qu'il a eu des nouvelles de l'éditeur d'Elvis Presley, et qu'« En revenant vers toi » pourrait bien intéresser le King *himself*. Fier de cette nouvelle, j'imagine déjà la version de mon idole. Finalement, il ne l'a jamais enregistrée, tant pis et dommage, surtout pour moi.

Avec le 33 tours *Dieu bénisse le rock'n'roll* (1972), je tombe au plus bas. Dans ce creux de la vague, j'en viens à penser que si les gens ne suivent pas, il doit bien y avoir une raison à ça. J'avais beaucoup de mal à chanter ces chansons aux mélodies compliquées, et ne parlons pas des arrangements et des textes (écrits par moi-même ou d'autres) complexes : « Le petit escroc » et autres musiques peu accessibles ne pouvaient pas rester dans les mémoires. J'aimais bien « Oh Louise ! », inspiré par *Picnic* (fantastique film de 1955 réalisé par Joshua Logan avec Kim Novak et William Holden), mais qui se focalisait sur les seconds rôles, superbes personnages entre deux âges interprétés par Rosalind Russell et Arthur O'Connell. Dans le genre tombé du train, on ne fait pas mieux. Pour un simple chanteur de variété, dit populaire, je m'éloigne à grands pas de cette définition. Comment le public peut-il comprendre de quoi je parle ici ? Et en me penchant sur mes « œuvres » d'alors, je constate un enchaînement d'erreurs d'appréciation et de malchance. Parti enregistré à Hérouville (studio alors à la mode) pour le 33 tours *Rock'n'roll* (1971), la technique n'est pas au rendez-vous. Si Elton John, les Rolling

Stones ou Grateful Dead sont venus dans ce studio, ils sont repartis avec leurs titres sous le bras pour aller mixer ailleurs. Ce qu'en bon chat noir aveugle je n'avais pas remarqué, malgré la présence dans le coin de Johnny, venu pour répéter sa tournée mais surtout pas pour enregistrer. Aujourd'hui, je trouve cet album déroutant, sans chansons fortes, la prise de son n'est pas terrible et le mixage abject. Si certains textes de cette époque peuvent parfois paraître mystiques (« Le vaudou », « La nuit des maudits », « Mon nom est Moïse », « Le faiseur de pluie »), c'était en réalité une façon de prendre le contrepied de ce mouvement mystico-hippie teinté de religion alors à la mode, en y ajoutant de la dérision. Ce qui est passé complètement inaperçu auprès d'un public répondant (ou, du coup, ne répondant pas) absent. Encore raté, donc.

Face à l'échec, une seule solution : la scène. Mais pas question de faire une tournée en France, vu l'insuccès de mes derniers disques, alors direction les pays de l'Est. La Pologne, la Yougoslavie, la Roumanie sont au programme pour une tournée d'une durée de six mois. Je rentre de temps à autre chez moi et en profite pour me faire soigner les dents, attaquées par une chique du fait d'une nourriture pas toujours très saine. Je me souviens surtout du type qui organisait les spectacles en Roumanie, il était le sosie parfait de Christopher Lee. Inquiétant à souhait, il n'arrêtait pas de me parler du château de Dracula. Malheureusement, je n'ai pas le temps de me rendre dans la demeure de mon vampire préféré. De retour en France, on peut se demander quelle est la position de ma maison de disques. En fait, tout est en plein chamboulement. Eddie Barclay est de moins en moins présent et laisse la place à des gens qui, sans être des tontons macoutes, n'avaient rien à voir avec le disque (pourquoi ? le mystère reste complet). Ce qui explique que, quelques années plus tard, Barclay est racheté par un grand groupe. Ainsi, silence radio et très peu de rapports entre eux et moi. Du côté de mes complices, Jean Fernandez et Pierre Papadiamandis s'intéressent à Michel Delpech, artiste maison alors très prisé, et travaillent surtout avec lui. Si c'est un type adorable et talentueux, je ne me vois pas suivre son créneau pour autant. Comme il vaut mieux en rire, je prends ma voix la plus théâtrale pour décocher à mes camarades : « Je vois que les rats quittent le navire » et repartir en galas. Retour sur les scènes françaises, mais pas les plus prestigieuses, plutôt genre fête de la saucisse, salle des fêtes ou podium pour une exposition bovine quelconque. Je m'entête sur mes nouveaux titres, en glissant par-ci par-là des chansons plus populaires de mon répertoire. À cette époque, alors qu'arrivent les chanteurs à midinettes (C. Jérôme, Frédéric François, Alain Chamfort, etc.) ou d'autres plus confirmés (Claude François est en plein boum), ce que je raconte n'a rien à voir avec cette forme de variété. Et, en plus, je suis déjà vieux pour l'époque, malgré mes 30 ans. Je m'explique : chanteur ayant un passé, j'appartiens pour le grand public à une autre génération. On a tout le temps, après, de s'apercevoir de ses erreurs, sur l'instant on s'enfonce dans un entêtement pessimiste qui dure. On rejoint l'autodidacte qui se donne systématiquement raison.

Si j'ai tendance, souvent, à oublier ces échecs, il en va de même avec les succès. Car une fois qu'une chanson devient un tube, comme on dit, que faire après ? Et comme je l'ai expliqué précédemment[1], on ne sait jamais ce qui deviendra un succès. Je pensais qu'« En revenant vers toi » était une bien jolie chanson dotée d'un chouette texte et très bien produite et trouverait donc un large public. Ça n'a pas été le cas. Au contraire, « Je vais craquer bientôt » a tout de suite marché, alors que je trouvais cette chanson sympa sans plus, loin d'être « tubesque ». Même pour « Couleur menthe à l'eau », nous ne pensions pas, Pierre et moi, toucher les gens à ce point. Lorsqu'on travaillait dessus, Jean Fernandez était passé nous voir chez Pierre pendant une séance de travail. Le résultat ne lui plaisait pas beaucoup. Malgré une belle musique, il n'était pas intéressé par l'histoire de « cette fille facile », trouvait-il. Les gens de radio lui donnent alors raison, préférant

1. Voir chapitre « Écriture », p. 41.

passer la face B, « Happy birthday rock and roll », sur les ondes. Grâce à la ténacité de mon attaché de presse, ils découvrent par la suite la face A. Tant mieux. Pour conclure avec ce morceau, si nous n'avons jamais émis d'hypothèses quant à son devenir, Pierre et moi prenions un plaisir évident à le jouer et à le chanter et, croyez-moi, c'est le plus important.

Ces insuccès m'ont pourtant permis de découvrir des sons, de tenter des styles qui me plaisaient ou de rencontrer de nombreux musiciens. Et aussi de raconter des histoires qui allaient sans le vouloir en inspirer d'autres, comme « À l'ouest d'Eddy », sorte de brouillon de « La dernière séance » (bien mieux scénarisée que le titre précédent). À cette même période, j'anime une émission sur France Inter justement intitulée « En attendant que ça se passe ». J'y diffuse de nouveaux et anciens morceaux de chanteurs que j'adore en présence d'un invité avec lequel je raconte des bêtises, puis enchaîne sur un conte du père Moine (pour lequel je tourne la Belle au Bois dormant, Cendrillon et compagnie, en farces). Prévu pour plusieurs mois, ce programme ne rencontrera jamais vraiment son public, à cause d'une grève importante du personnel. Comme quoi, quand ça ne veut pas...

U

Ultime

« Partir pour quatre-vingts ou cent concerts,
non merci, c'est fini. »

Il y a quelque temps, en 2010-2011, j'ai annoncé mon ultime tournée. Les médias, eux, ont compris que je quittais la scène. En fait, après cinquante ans de multiples virées à travers la France, j'en avais assez des changements d'hôtels, de la recherche perpétuelle d'un restaurant pouvant nous recevoir après le spectacle, et marre de me rabattre à chaque fois sur l'éternelle salade gourmande. Je me suis senti fatigué de devoir me trimbaler de ville en ville. En vieillissant, on devient casanier. Mais pas question pour autant de ne plus faire de la scène de temps à autre, que ce soit à Paris ou pour une soirée à Marseille ou à Lyon. Par contre, partir pour quatre-vingts ou cent concerts, non merci, c'est fini (mais je pense que le public, lui, l'avait compris). Exception faite du festival de Juan-les-Pins (un soir) et des Vieilles Canailles, pour lesquelles Jacques et surtout Johnny m'ont fait les yeux doux (et pour seulement dix-sept dates), la tournée intitulée *Ma dernière séance* reste mon ultime tour de France. Et c'est sans regret. Pour l'anecdote, ça me rappelle le premier spectacle de Coluche, alors pratiquement inconnu, qu'il avait intitulé « Mes adieux au music-hall ». Un beau culot, voilà un homme qui avait du recul. Je n'aurais jamais osé. C'est beau.

Ultime peut aussi signifier définitif – et, pour moi, dans la catégorie chanteur, c'est définitivement Frank Sinatra qui remporte la palme. Je pense qu'on ne peut pas faire mieux que lui dans le domaine de la variété et tendance jazzy. Même si on ne comprend pas un mot d'anglais, il réussit à exprimer toute l'émotion dans ce qu'il dit et articule de façon merveilleuse (ce qui est loin d'être le cas d'un Jerry Lee Lewis, par exemple). On devrait l'écouter dans les écoles pour apprendre cette langue. Alors, si je devais garder une ultime chanson de Sinatra… « All the way » ou « One for my baby » ? Eh bien, non, je choisis « The last dance », petit bijou (pour son arrangement, son écriture, et quelle voix !) qui clôture l'album *Come Dance With Me*.

L'ultime musicien, pour moi, c'est Buddy Rich. Ce batteur est maître pour rythmer une chanson avec ses baguettes magiques. Il peut même jouer la mélodie derrière ses fûts, ce qui est loin d'être courant, tout en assurant les diverses relances pour l'orchestre. C'est extraordinaire et unique. J'ai eu la chance de le voir en grand orchestre dans un petit club (le Marquee) à Londres dans les années 1960, et d'être assis juste à côté de sa batterie. J'en ai pris plein la tête, j'étais sur un nuage. On était bien loin des petites formations du coin à la mode, qu'elles soient jazz ou rock. Pour moi, les Anglais swinguent comme des biscottes. S'il y a d'innombrables superbes chansons dans tous ces groupes dits rock (de Johnny Kidd en passant par les Stones, Beatles, Clash, etc.), leur façon de jouer reste raide, à l'opposé de ce que j'aime (si ce n'est quelques exceptions[1]). Et côté jazz, Bill Acker ne m'a jamais donné le moindre frisson, au contraire de Buddy Rich. J'ai choisi mon camp.

L'ultime film que je peux revoir en boucle : *La Horde sauvage*. Chaque fois que je veux regarder une seule séquence du Blu-ray, ou lors d'un passage à la télé, je finis par visionner le film en entier. Incroyable, je suis systématiquement embarqué dans cette histoire. J'adore Sam Peckinpah, son réalisateur. On est ici dans du grand cinéma américain, le moindre second rôle ou troisième couteau est parfait. William Holden et ses camarades y sont époustouflants, tout comme la lumière signée Lucien Ballard (Lulu pour les intimes, qui

1. Voir chapitre « Orchestre », p. 123.

a régulièrement travaillé avec Budd Boetticher, un autre grand réalisateur de westerns).

L'ultime livre… Là, j'abandonne, trop de titres et d'auteurs me viennent en tête. Un choix très difficile.

Côté orchestre, mon cœur balance entre Count Basie et Woody Herman. Rien de grave, docteur. J'ai vu le premier sur scène plusieurs fois et quel plaisir. Pour le second, cela s'est passé à Montréal. J'étais là-bas en promo fin des années 1960 (après que de Gaulle eut prôné « un Québec libre »). Les gens qui s'occupaient de moi désiraient absolument m'emmener dans une « boîte à chansons » pour y voir Georges Guétary. Je n'ai rien contre ce sympathique monsieur, mais c'est pas mon truc. De plus, nous étions voisins à l'hôtel et il faisait des vocalises tôt le matin (tout en lustrant son éternelle moumoute, je suppose !). Merci pour le réveil. Par contre, j'avais repéré deux clubs à proximité, l'un en face de l'autre. Le Black and White programmait Woody Herman en grand orchestre avec Sal Nistico au saxophone (c'est dire…), tandis que le Bluebird affichait Joe Tex (un grand de la soul music à l'humour décapant). Tous les soirs, je trouvais une excuse pour éviter l'équipe canadienne, navrée que je puisse apprécier ces genres de musique. J'étais au point sur les horaires, commençant par le Bluebird puis courant au Black and White pour m'installer au premier rang. Il y a des soirées plus moches.

Perle des perles, « Stardust » est le morceau de choix, la chanson ultime qui me touche particulièrement. Si ce titre peut paraître un peu ringard, moi, j'adore. Et pratiquement par n'importe qui. De Nat King Cole (qui enveloppe le tout avec des violons et une voix sirupeuse) à Sinatra, ou en instrumental avec Coltrane, cette mélodie reste bouleversante. Avec une préférence pour la version de Willie Nelson qui en a simplifié les harmonies (quoique un peu trop à certaines mesures), mais qui garde l'essence de la mélodie. Une belle idée.

Dans le genre ultime de chez ultime et pour clore le débat, je citerai Pierre Dac, qui disait à propos de la mort : « J'espère mourir en bonne santé. » Et j'ajoute : sans emmerder qui que ce soit. Mais rassurez-vous, je ne suis pas du tout pressé.

V

Vieilles Canailles

« Comme de vieux gamins,
on a passé la plupart du temps à se marrer. »

Au départ de ce projet, Valéry Zeitoun (ancien patron du label AZ) me propose une série de spectacles avec Charles Aznavour et Michel Sardou, un trio différent de celui que vous connaissez, donc. Le principe était alors le même que celui conservé *in fine* : nous devions chanter en trio, en duo, et en solo certains titres. J'aimais beaucoup Aznavour, en tant qu'homme et, bien sûr, artiste. Mais je ne voyais pas ce qu'on allait pouvoir faire ensemble sur scène, hormis ses propres morceaux. Je ne l'imaginais pas chantant « Rio Grande », « Couleur menthe à l'eau », ou les hits du répertoire de Michel. À la place, je cite évidemment Johnny. Après quelque temps, pour remplacer le grand Charles, le nom de Julio Iglésias est évoqué – et non celui de mon camarade. Ne sachant pas quoi répondre, je dis que j'aime beaucoup l'artiste, qu'il a de jolies dents, qu'il chante pas mal, mais que son univers n'a aucun atome crochu avec le mien. Johnny revient sur le tapis, mais entre-temps il s'est fâché avec Michel. Ce dernier s'est mal comporté en racontant des sottises à propos des enfants adoptifs de l'idole des jeunes. Bêtises que, d'ailleurs, Michel regrette. Je joue alors l'entremetteur entre eux deux, mais rien n'y fait, Johnny ne veut plus le voir. Immédiatement, je pense à Jacques Dutronc. Éternels amis aussi bien d'un côté que de l'autre (on se connaît trop, entre nous, jamais de vagues ou d'engueulades depuis presque soixante ans – nous nous voyons ensemble au moins une fois par an pour des dîners qui n'engendrent pas la morosité), nous voilà tous trois emballés par le projet.

Mais ça, c'est uniquement l'idée et la future affiche d'un spectacle. Maintenant, comment faire pour réunir ces trois lascars dans un planning commun ? Sans oublier que le producteur du spectacle et les producteurs, managers ou agents de chacun (dont mon fidèle Claude Wild) doivent se mettre d'accord, sans qu'aucun prenne le pas sur l'autre, et effacer les éventuelles querelles passées. Johnny s'est occupé de la partie production, rassemblant tout ce petit monde et nous tenant, Jacques et moi, au courant de chaque étape du projet. Une fois ce dernier sur pied (nous sommes alors à l'automne 2014), nous commençons les répétitions. Comme de vieux gamins, on passe la plupart du temps à se marrer. Jacques, lui, se rassure rapidement, car il n'est pas habitué à travailler avec un grand orchestre et surtout avec les fameuses « ears » (des oreillettes qui proposent un retour son propre et qui évitent les nuisances sonores entourant la scène). À Bercy, le public est content de voir notre plaisir évident de chanter ensemble.

Pour la deuxième version de ces Vieilles Canailles, c'est Johnny qui a insisté. Au début des discussions, je n'étais pas du tout intéressé, trouvant que cette nouvelle réunion faisait un peu réchauffé. Lors d'un dîner en présence de mon regretté ami Christophe, mon vieux compère ne fait que s'entêter quant à ces éventuelles retrouvailles. J'ai beau lui dire que, les tournées, je ne veux plus en entendre parler, il ne lâche rien : « OK, mais pour moi tu pourrais faire un effort ? » me répond-il. Quelques violons à l'amitié plus tard dans la soirée, il m'a, comme à l'habitude, mis dans sa poche. Malheureusement, son état de santé se détériore quelques mois après. Je le vois à Los Angeles, alors que j'enregistre les duos pour l'album *La Même Tribu*, et ne le trouve pas en grande forme (notre titre « C'est un rocker » lui demande plusieurs prises, ce qui n'est pas coutumier chez lui). Nous sommes en janvier ou début février 2017 et j'ai du mal à imaginer une tournée débutant en juin. Et, avant tout, je suis inquiet pour mon vieux pote.

Cette seconde réunion est périlleuse. Johnny étant très malade (et suivi par trois médecins durant notre périple), Jacques et moi veillons sur lui comme des frangins. Mais, dès qu'il chante, il redevient l'artiste que tout le monde connaît. Il est extraordinaire. Un soir, à Clermont-Ferrand, je retiens un restaurant où j'ai mes habitudes et invite mes complices et leurs proches. À table, Johnny évoque les conneries (parfois navrantes) qu'on a pu enregistrer par le passé. Un nouveau jeu est lancé, je chante « J'suis mordu » (adaptation du « I got stung » de Presley), Johnny reprend tandis que je l'accompagne en faisant les chœurs et en claquant des mains. Mon camarade me balance « Volage » (d'après le « Runaround Sue » de Dion and The Belmonts), que je fredonne avec lui, sous l'œil amusé de Jacques. Voilà une belle soirée, dont vous avez eu à l'époque un aperçu grâce à une vidéo postée sur les réseaux sociaux. Le lendemain, mon ami se reposant, ses médecins viennent me remercier du bien que lui a fait ce dîner. J'étais bien sûr aux anges. Sur scène, Jacques et moi le voyons reprendre du poil de la bête, déclarant de nouveau à ses fans tout l'amour qu'il leur porte. Pourtant, une autre fois, nous frôlons la panique, alors qu'il me glisse dans l'oreille : « Il faut que je sorte de scène. » Anxieux, nous meublons son absence, improvisons une discussion avec les musiciens. Johnny de retour sous les projecteurs, j'apprends plus tard qu'il avait eu une faim de loup avant le show et avait dévoré six boudins créoles bien relevés, d'où sa légère indisposition.

Restent de ce trio de beaux souvenirs. Et il faudra attendre presque cinq ans de négociations pour voir ce spectacle gravé sur CD, DVD et autres arriver dans les bacs en novembre 2019. Pourquoi ? Nous sommes en vérité nos propres producteurs pour ces spectacles, et rien ne va entre nos maisons de disques. Un coup, Universal est d'accord avec Warner pour sortir un live des shows, mais Sony fait la sourde oreille. La seconde suivante, c'est Universal qui finalement refuse le principe, et ainsi de suite. Pendant ce temps, chacun a de nouveaux albums à sortir et ne veut pas être en concurrence avec ces Vieilles Canailles, et tous remettent ce disque en public à plus tard. Et quand il y a une ouverture possible, c'est à nouveau la bataille entre ces mastodontes du microsillon, sans parler de la valse des P-DG de chaque compagnie (le nouvel arrivant reprenant tout dès le départ). Finalement, avec le temps, tout ce petit monde trouve à s'arranger. Je garde en mémoire des moments inoubliables, comme cette fois où Jacques Dutronc a débarqué avec un extincteur sur scène. Je lui demande ce qu'il compte en faire et il me répond : « Bah, c'est pour notre duo, on va chanter "Il extincteur Paris s'éveille". » Magnifique ! Tout comme la fois où, avec Johnny, nous avons décidé de reprendre du Lonnie Donegan (une idole de jeunesse) – les gens ont été surpris, ne connaissant pas l'inventeur du skiffle que nous annoncions avec une certaine fierté. Sans que ce soit un bide, les applaudissements étaient polis.

Merci, en tout cas, pour toutes ces images qui resteront à jamais dans ma mémoire, et aussi pour avoir été l'un des participants à cette expérience jamais vue auparavant dans la chanson française.

W

Winchester

> *« Si, aujourd'hui, je collectionne à nouveau et de manière raisonnable, c'est vraiment la beauté, l'âme et l'histoire de ces armes qui m'intéressent en particulier. »*

La passion que j'ai pour les armes me vient de mon père, qui adorait les réparer et les rendre comme neuves. Pour arrondir les fins de mois, il travaillait de temps à autre pour le marché des antiquaires (et plus spécifiquement la famille Poisson) situé alors aux puces de Saint-Ouen. Un beau jour, il restaure un Remington et lui rend toute sa beauté. Je suis émerveillé et lui demande de ne pas restituer ce revolver. Finalement, il a acheté le fruit de son travail pour me l'offrir. Ce présent marque le début de ma collection et ma fascination pour ces armes américaines, relative à ma cinéphilie dévorante pour le western, bien sûr.

J'aime le colt en général pour sa magnificence, mais garde une préférence pour le fusil winchester. Alors que cet arsenal a été produit à une époque incroyable où les gens (les fameux pionniers américains) étaient des rustres complets, les créateurs de ces carabines et revolvers étaient, eux, très intelligents. Prenez par exemple la winchester 44/40, dont les cartouches alimentaient également le colt 44/40, vous pouviez donc avoir une carabine, un revolver et une seule munition. Une vraie révolution dans le monde des armes qui proposait alors de multiples calibres. On est loin du fusil Lebel, qui n'avait de beau que son appellation et était surtout peu pratique. Même la France s'est intéressée à cette carabine durant le règne de Napoléon III. Car, pour rappel, notre belle armée de l'époque acheta des winchesters (avec un canon plus long) pour le corps expéditionnaire envoyé au Mexique afin d'installer Maximilien, prince européen devenu ainsi empereur à la solde du pouvoir français. Voilà, un peu d'histoire ne peut pas nuire.

Après plusieurs cambriolages vers la fin des années 1960, j'ai complètement abandonné mon hobby. À chaque fois, ma collection s'était envolée. Lors de la dernière effraction à Grosrouvre, maison de campagne où j'habite alors, les malfaiteurs laissent (ils n'ont pas eu le temps de fouiller) une winchester ciselée en argent gravé, avec certificat d'authenticité puisque l'objet a été donné par la ville de Tucson au célèbre Wyatt Earp. Superbe pièce, je décide pourtant de m'en débarrasser, dégoûté par ces « visites » inattendues. Peu de temps après, je reçois un appel de Jacques Revaux[1] qui tient absolument à offrir une belle arme à Johnny, lui aussi très attiré par les pétoires de l'Ouest américain. Je lui raconte mon ras-le-bol, et finalement il m'achète le fameux fusil à un prix conséquent. Je lui livre le tout dans son étui d'origine, Jacques est ravi de son acquisition. Quinze jours plus tard, il me téléphone à nouveau, car il vient lui aussi d'être cambriolé… et son futur « présent » a évidemment disparu. Il me suspecte même un temps d'être dans le coup, mais je lui ôte vite ses soupçons. Si Johnny n'a jamais vu ce somptueux cadeau qui lui était destiné, on a su bien plus tard par la police que nous avions été victimes d'un gang allemand, pays alors friand d'armes américaines de collection.

Bercé tout petit trop près de l'écran, le western est mon genre de prédilection, d'où mon engouement pour ces flingues. Mais, attention, pas le western italien, dit spaghetti. Dans ce dernier, les pétards sont trop pittoresques, quoique pensés dans la volonté d'en faire des modèles calqués à l'identique sur les originaux – mais les crosses et

1. Compositeur ayant travaillé principalement avec Michel Sardou (« Les bals populaires », « La maladie d'amour », « La java de Broadway », etc.), Johnny Hallyday (entre autres « Le cœur en deux », « J'ai oublié de vivre ») et Claude François (avec lequel il coécrit « Comme d'habitude »).

barillets incrustés d'or ou d'argent n'avaient pas vraiment cours à cette époque ! Même le réalisateur transalpin le plus proche des cinéastes américains comme Sergio Leone n'accorde aucune importance à l'authenticité de ces revolvers ou carabines. Le comble est à mon avis *Il était une fois la révolution*, festival d'anachronismes dans les flingues portés par les personnages du film. Ce qui n'enlève rien au talent de ces cinéastes adorés par beaucoup, mais, pour moi, c'est rédhibitoire. Je préfère rester sur *Winchester 73*[2], *Vera Cruz*[3] et tant d'autres. Le western me fait toujours vibrer, qu'il soit d'hier ou d'aujourd'hui, comme avec le récent *Hostiles*[4]. C'est la seule forme de cinéma qui, selon moi, exprime le mieux la liberté et célèbre l'espace et la nature.

Si, aujourd'hui, je collectionne à nouveau et de manière raisonnable, c'est vraiment la beauté, l'âme et l'histoire de ces armes qui m'intéressent en particulier. Je déteste la chasse et suis incapable de tirer sur un oiseau ou un lapin. *Idem* pour toutes ces machines à tuer nouvelles, flingues monstrueux fabriqués pour faire la guerre et qui en aucun cas n'attirent mon attention.

---

2. Western en noir et blanc signé Anthony Mann (1950), avec James Stewart, Shelley Winters, Stephen McNally et Dan Duryea.

3. Western en couleurs de Robert Aldrich (1954), avec Burt Lancaster et Gary Cooper. Ce film fédérateur fait figure pour de nombreux cinéphiles d'influence majeure sur le genre repris plus tard par les Italiens.

4. Western en couleurs mis en scène par Scott Cooper (2017), avec Christian Bale et Rosamund Pike.

X

X (Rayons)

« Le rêve américain, c'est bien loin. »

Voilà, on approche de la fin de ce livre. Je crois vous avoir tout raconté. Enfin, presque. Si je devais vraiment passer mes souvenirs et réflexions au scanner, voilà ce que je pourrais vous dire de plus :

Côté politique, je n'ai aucune confiance envers les dirigeants de n'importe quel bord (et je n'en remettrai pas une couche à propos de mon aversion pour de Gaulle). Pompidou m'était cependant sympathique. Après le militaire (prêt à envoyer l'armée dans le Paris de 1968), enfin un président qui s'habillait convenablement. En plus, il buvait des coups et fumait comme un pompier, bref, un politique plus humain. Sa ressemblance avec Donald Wolfit, l'acteur principal du *Sang du vampire* (un chouette film d'horreur anglais), m'intriguait à chacun de ses passages à la télé.

On m'a parfois critiqué pour des spectacles commandés par des partis politiques. N'étant pas un chanteur engagé, je trouve normal de faire mon métier lorsqu'on me le demande (et à mon tarif). Donc, effectivement, j'ai chanté pour Giscard, mais aussi le Parti communiste (j'ai même rencontré le très agréable Robert Hue lors d'un de mes deux passages à la fête de l'Humanité), *idem* pour le RPR ou les socialistes. Aucune étiquette donc, tout comme Chuck Berry s'affichait aussi bien à la fête de l'Humanité qu'à un grand meeting de Jacques Chirac. Mais lui n'était pas français, il n'a donc pas soulevé de controverses. « Vas-y, Jeannot, vas-y », comme il le dit si bien (ou plutôt « Go, Johnny, go »).

Comme beaucoup, j'ai bien sûr été d'abord enthousiasmé par certaines personnalités qui m'ont ensuite déçu. La politique et l'engagement (promis mais pas tenu) d'un Mitterrand m'ont mis sur le côté. Il ne faut rien attendre de ces gens-là, à mon humble avis. L'exemple de ce président n'est pas anodin, puisqu'on m'a longtemps reproché mon amitié avec Michel Charasse, qui était alors son ministre du Budget. C'est un homme que je respecte énormément, je ne lui ai jamais demandé quoi que ce soit, même pas un étalement favorable de mes impôts. Voilà qui, je l'espère, a le mérite d'être clair. Par contre, Michel m'a prévenu quand Johnny ne répondait pas aux rendez-vous donnés par le fisc. « Je ne connais pas ton copain, mais avant que mes Rapetou rappliquent, ça serait bien que l'on s'explique avec lui », m'a-t-il dit. Aussitôt, je passe le message à qui de droit. Et Johnny s'est rendu au rendez-vous avec de belles photos de ses investissements immobiliers comme gages de bonne foi – dont celle d'un superbe futur hôtel en Martinique, mais, après vérification sur place, à la place du magnifique hôtel, il n'y avait rien que du sable sur une plage déserte… Mon camarade s'était fait escroquer. Ils trouvèrent néanmoins un arrangement.

Johnny n'est pas le seul dans ce cas. J'ai été également victime de filous et d'histoires de défiscalisation et de société fantôme. Et comme beaucoup de gens, je me suis aussi fait arnaquer par des amis proches et « emprunter » de l'argent que je n'ai évidemment jamais revu. Là, c'est plus grave, l'escroquerie à l'amitié met un terme à toute confiance. Je ne sais plus qui a dit : « Une trahison commence par une amitié » – une phrase s'avérant malheureusement très juste. Je ne suis pas très fier de toutes ces fois où je me suis fait rouler dans la farine, mais que voulez-vous ! ce chapitre « Rayons X » ne peut qu'être honnête.

Je dois vous avouer que j'ai aussi eu un grand intérêt pour le cheval. Je me suis bien entendu avec ces animaux. Il y a déjà quelques décennies, je passais systématiquement les vacances en famille du côté de Carpentras, dans un endroit (le Ranch de la vallée verte pour le nommer) où tous les visiteurs se prenaient pour des cow-boys. Et, au programme, de superbes balades à cheval en selle américaine. J'ai même acheté un pur-sang répondant au nom de Fuego, qui s'est révélé être un sauteur à l'âge de 9 ans, donc sur le tard. Ce beau destrier pouvait être d'humeur fantasque. Je lui montrais alors mes éperons (que je ne mettais que rarement), ce qui avait le don de le calmer. Lorsque j'utilisais ce genre d'accessoires – juste une légère pression suffisait –, je me refusais à en faire plein usage. Comme quoi cet animal était loin d'être un idiot. J'ai tellement vu de montures aux flancs bêtement esquintés par des imbéciles, pas question d'agrandir le cercle. Avec lui, j'ai pratiqué la fameuse course de Pernes-les-Fontaines, qui n'a malheureusement plus lieu, au cours de laquelle s'affrontaient le cheval et son cavalier face à une moto sur un terrain de moto-cross. Au départ, la moto prend de l'avance, mais dans les côtes le cheval gagne du terrain. Et j'ai remporté cette épreuve, ce dont je ne suis pas peu fier. Aujourd'hui, j'ai délaissé ce hobby, les randonnées sur deux ou trois jours avec de sublimes paysages n'existent plus, et les promenades, trop courtes, m'ennuient. Et puis, l'équitation à un certain âge n'est plus vraiment conseillée…

Si, pour moi, les États-Unis, ce n'est plus vraiment ça, c'est malgré tout toujours un plaisir de m'y rendre occasionnellement. Avant d'attaquer le travail en studio, j'ai souvent quelques jours pour moi, et c'est le pied. Totalement inconnu là-bas, j'adore faire mes courses dans les supermarchés. Je remplis mon Caddie de viandes, fruits, fromages, bouteilles de vin (dont celui de Coppola), légumes et de sauces pimentées introuvables en France. Durant ces moments de pause, je cours aussi les boutiques de disques et de DVD ou Blu-ray, rapportant dans mon escarcelle quelques raretés qui font mon bonheur. Mais dès que nous avons fini d'enregistrer (généralement au bout de sept ou huit jours), je ne traîne pas et retourne très vite en notre chère France et dans mon *home sweet home* parisien. Le rêve américain, c'est bien loin. Bush et les autres ont été bien trop accrochés à la Bourse et à l'argent, et Trump fait peur avec son électorat raciste. Et ses cheveux sont plus décolorés que ceux de mes 18 ans – effrayant, donc. De plus, je suis fondamentalement latin, et ne partage pas les horaires (notamment ceux des repas) de la vie américaine. Les Américains sont bien trop disciplinés à mon goût, et ce n'est pas près de changer.

Dans mes amitiés, j'ai volontairement omis de m'étendre sur mes relations avec Coluche, Serge Gainsbourg ou Claude François. Des êtres qui ont compté pour moi, mais je me refuse à tomber dans une nostalgie facile ou dans le côté « Ces chers disparus » – je ne les évoquerai donc pas. Dans les souvenirs amicaux, je me rappelle par contre une grande camaraderie avec Georges Brassens, que j'admirais beaucoup (on s'en doute), et qui, curieusement, m'avait à la bonne. Dans les années 1960, nous étions au programme d'une émission de radio quelconque durant laquelle j'avais interprété « Je me suis fait tout petit », et lui « Peggy Sue » (mon titre du moment). Chacun chantant l'autre, mais à sa propre sauce. Autant vous dire qu'écouter ça doit valoir le détour au rayon des curiosités.

Niveau santé, parlons-en. Tout va bien, et le premier qui dit le contraire s'en prend une. Alors, sans faire de régime spécial, je fais attention à ce que je mange. N'ayant pas un appétit gargantuesque, cela m'est facile. Côté boisson, je me surveille de près, la tentation est souvent grande, d'autant plus que j'ai diminué mon ratio quotidien de tabac de plus de moitié (j'en suis à huit cigarettes par jour).

Fin des rayons X, combien je vous dois pour la consultation, docteur ?

Y

Yeah

*« Sans être un grand défenseur
de la langue française, je n'en connais
pas forcément beaucoup d'autres. »*

Au début des années 1960, les groupes de rock français sont très influencés par leurs idoles, et reproduisent souvent leurs chansons dans un anglais approximatif calqué sur les disques américains. Par définition, cette langue facilite le rapport entre les mots et la musique. Et surtout, avec elle, on n'est pas obligé de raconter des choses importantes. Donc, place à « Oh, baby », « Rock, rock », « I want you », ponctués par des « yeah, yeah ». Comme peu de ces chanteurs parlent la langue ou la comprennent, cela donne des *Rocktatiger fashionagain* qui ne veulent rien dire. On a appelé ce nouveau langage le yogourt, pour plus de détails, écouter le « Merde in France » de Jacques Dutronc, il y donne d'importantes précisions. Pour moi, impossible de pratiquer cet art, je suis avant tout français malgré mon nom d'emprunt, et ne peux m'exprimer que dans notre dialecte. Et puis, il y a tant de belles chansons faites par chez nous, dont certaines ont marqué ma jeunesse. Par exemple, « Je t'aime comme ça », écrite par Aznavour sur une musique de Jeff Davis pour Eddie Constantine, reste une sublime chanson au style simple et directe mais qui me touchait beaucoup, même à 15 ans. Je pourrais aussi citer Brassens, Bécaud, Ferré, Jonasz, Souchon, et tellement d'autres.

La jeune génération d'aujourd'hui, qui chante (trop) souvent en anglais – ça s'explique : elle le parle et le comprend couramment –, changera assurément son fusil d'épaule plus tard en optant pour le français, si elle veut continuer à intéresser un public hexagonal. J'ajoute que, contrairement à ce que certains affirment, on peut swinguer avec notre belle langue et l'exception culturelle française est loin d'être morte (n'en déplaise à Jean-Marie Messier, ex-golden boy de triste renommée).

La critique est, certes, facile. Mais je ne m'épargnerai pas. Car moi aussi j'ai tenté de chanter en anglais. La pratique était alors courante dans les sixties. Chaque chanteur s'essayait avec ses tubes du moment dans d'autres langues. Ces titres n'étaient pas commercialisés sur le sol français, mais sur les territoires susceptibles d'être intéressés. Ainsi « De la musique » est devenu « Out of the grooves », « Je défendrai mon amour » a donné « You'll only start me cryin' » (Mort Schuman, ami et auteur de cette chanson, m'y dirige dans ma diction de l'anglais), et « Fortissimo » a aussi sa version british. Ces bizarreries sont restées pour la plupart – à juste titre – dans des tiroirs, et celles sorties dans les bacs n'ont pas toujours trouvé le public souhaité. En écoutant, on comprend pourquoi.

J'ai aussi osé poser ma voix en italien, obtenant même un mini-succès avec « Alice » et « Non amo che te » (c'est-à-dire « Je n'aime que toi ») qui avaient marchoté. Autant dire que je ne comprends pas un traître mot de ce que je raconte. Tout est ici une histoire de phonétique. Le pire arrive en espagnol avec « Si no fueras tu mi hermano » (« Si tu n'étais pas mon frère » par chez nous), où j'ai essayé de raconter la même histoire qu'en français, avec un ton identique, et là, c'est grave... D'ailleurs, cette version provoque toujours l'hilarité chez certains membres de ma famille, pour vous dire. Pour l'anecdote, je me rappelle un gala en Espagne du côté de Valence pour faire la promotion de ma carrière hispanique. Je chantais dans un stade plein à craquer. Très fier, j'ai d'abord pensé que ça marchait fort ici pour moi. Puis, au bout de quatre chansons, le public est parti. En fait, ils attendaient un match de foot juste à côté, et étaient venus écouter le petit chanteur français pour passer le temps avant le coup d'envoi. Ça remet en place en cas de délit de grosse tête. Un peu mécontent d'avoir essuyé un tel bide, je file à Biarritz sous la pluie prendre mon avion pour la France, où j'ai un concert le lendemain. À l'Hôtel du Palais, je m'installe au bar, pour boire un verre. Et là, j'écarquille grand les yeux. Toutes les femmes sont habillées à la mode du Second Empire, et les hommes grimés en Napoléon III. Le temps de me dire intérieurement qu'il va falloir que j'arrête de boire, le barman m'explique que c'est l'anniversaire de l'impératrice Eugénie, événement célébré par l'hôtel avec l'aide de nombreux figurants. Après un dernier remontant, je gagne ma chambre. À cause de l'orage, les fenêtres se sont ouvertes et claquent durant toute une nuit d'enfer. Cette suite d'événements improbables serait à peine crédible dans un film. Vous comprenez, maintenant, pourquoi je me souviens si bien de mon unique gala ibérique.

Pour conclure, sans être un grand défenseur de la langue française, je n'en connais pas forcément beaucoup d'autres. Donc, autant essayer au moins de me faire comprendre de mes compatriotes. Ai-je réussi ?

Z

Zorglub

« À l'époque, les mômes qui se plongeaient dans ce genre de littérature étaient simplement considérés comme des débiles. »

Pour finir, j'aimerais rendre hommage à tous ces grands auteurs de BD qui m'ont fait rêver depuis ma tendre enfance jusqu'à aujourd'hui. Ces pages sont donc dédiées à André Franquin (*Spirou et Fantasio*, *Gaston Lagaffe*), Joseph Gillain, alias Jijé (*Jerry Spring*, *Jean Valhardi*), Maurice Tillieux (*Gil Jourdan*), Edgar P. Jacobs (*Blake et Mortimer*) et aux autres géants de cet art. Gosse, j'ai adoré suivre les aventures de Pecos Bill ou celles de Kid Oklahoma. Puis j'ai enchaîné avec *Tintin*, découvrant ce grand héros de la ligne claire (un mouvement développé par son auteur, Hergé), et suis devenu un lecteur assidu du journal du même nom. Simultanément, je découvrais son rival, l'hebdomadaire *Spirou*. Tout aussi passionnant : je dévorais les aventures de Buck Danny, trouvais en Jijé mon dessinateur de prédilection, et ne ratais aucune page de Spirou et Fantasio, me délectant des aventures du comte Pacôme de Champignac (un scientifique adorable mais un peu tombé du train), Zantafio (terrible cousin de Fantasio, mais heureusement voué à l'échec) et, bien sûr, Zorglub (l'élève de De Champignac qui a toujours voulu, pour notre grand plaisir, dépasser son maître). À l'époque, les mômes qui se plongeaient dans ce genre de littérature étaient simplement considérés comme des débiles. « Heureusement, les temps changent. » Aujourd'hui, il n'y a plus aucune honte à apprécier ce qu'on appelle le neuvième art, au contraire. À tel point qu'on s'arrache parfois à un tarif exorbitant les planches originales de ces créateurs. Mais pas pour la beauté du dessin, plutôt comme un placement. D'ailleurs, ce sont généralement des banques qui achètent ce genre d'objets pour les mettre au coffre puis les revendre quelques années après. Aucune considération pour la beauté du dessin, donc, ni amour pour son créateur, simplement de la spéculation. Je trouve ça sans intérêt.

Passionné par ces lectures, je me risquais à prendre moi aussi le crayon. À force de m'essayer au dessin, j'arrivais peu à peu et non sans difficulté à croquer mes personnages préférés. Puis j'imaginais des affiches fictives de films que je venais de voir. Je me souviens notamment d'un dessin d'Eddie Constantine dans *Ça va barder*[1], où j'accentuais le coup de poing qu'il donnait en appuyant sur ma mine tout en faisant le contour, créant ainsi une sensation de relief. Content de ces premiers résultats, je me présentais à un concours organisé par le journal *Coq hardi*, mais le dessin fut refusé. Qu'à cela ne tienne, j'envoyais mon « œuvre » à *Risque-Tout*, un autre magazine du genre qui publia deux illustrations du débutant que j'étais (la première met en scène un cow-boy attaché au poteau de torture, alors qu'un Indien s'apprête à le scalper, s'exclamant : « Pendant que vous y êtes, faites-moi la barbe ! » ; sur la seconde, un python met en avant une courte nouvelle). Durant cette période, je prends rendez-vous avec Jean-Claude Mézières, futur papa de *Valérian* et alors jeune dessinateur habitant boulevard Serrurier (un voisin donc). Je lui montre mes travaux et dessine devant lui. Le tout est pas mal à son goût, mais il me conseille de m'inscrire aux Beaux-Arts pour me perfectionner, et aussi de prendre quelques cours particuliers. Vu les revenus modestes de mes parents, il n'en est pas du tout question. Entre-temps, *Risque-Tout* fait faillite, mettant du même coup fin à mon brillant

1. Film policier français, mis en scène par John Berry (1954), avec Eddie Constantine, May Britt et Jean Carmet.

avenir dans la BD. Tant pis, je prends une autre direction quand Bill Haley déboule dans mon univers.

Rassurez-vous, je ne suis pas un dessinateur frustré. Pour bien faire et entretenir la maniabilité de la main et des doigts, il faudrait dessiner tout le temps – ce que je ne fais pas, faute de temps. Le dessin est désormais devenu un simple hobby, je m'exerce de temps à autre sur papier, mais rien de bien fameux n'en sort. J'ai eu la chance, cependant, que tout au long de ma carrière certains géants de la BD illustrent avec grand talent les pochettes de mes disques. De Giraud (le créateur de *Blueberry* et un homme adorable) pour *Sept colts pour Schmoll* à Jijé (le maître) avec le *Fan Album* (ainsi que la couverture du programme du *Palais des sports 84*), en passant par Michel Blanc-Dumont et le dessin intérieur du coffret *Tout Eddy*, et plus récemment Ralph Meyer pour les deux volets de *La Même Tribu*, je les remercie tous de m'avoir autant gâté. Je n'oublie pas tous ceux (Springer, Hérenguel, Dany, Mézières, Floch, etc.) qui ont participé à la BD *Les Chansons de Mr Eddy*, qui illustre certaines de mes chansons. Là aussi, j'étais aux anges. D'autres projets n'ont jamais vu le jour. Au début des années 1980, mon ami Gérard Jourd'hui et moi-même avons eu envie d'adapter en série télé la célèbre aventure de Blake et Mortimer, *La Marque jaune*. Emballés par le projet, nous imaginons déjà Michael Caine en capitaine Blake, Philippe Noiret pour le professeur Mortimer et, soyons fous, Peter Cushing en Dr Septimus. Et, pour interpréter Olrik, j'envisage Jean-Pierre Marielle légèrement rajeuni pour se glisser dans la peau de mon méchant préféré. Tout cela avait de la gueule pour les deux fous furieux que nous sommes alors. Nous rencontrons donc Edgar P. Jacobs, le créateur de ces héros. Loin de partager notre enthousiasme, il trouve notre proposition sans intérêt. Dommage, surtout pour nous.

Ma passion pour la BD ne s'est pour autant jamais tarie. J'ai suivi les journaux comme *Pilote, L'Écho des savanes, Fluide glacial, Métal hurlant, À suivre*, etc. Comme beaucoup d'amateurs, j'ai adoré Gotlib (également un très gentil titi parisien qui me manque), Tardi, mais aussi les dessinateurs qui ont participé aux épisodes du *Décalogue*, ou encore les aventures du colonel Morrison, western ciselé de Daniel Brecht. Impossible de tous les citer, qu'il soit de l'ancienne ou de la nouvelle génération. Un mot encore sur le mérite des scénaristes accompagnant ces dessinateurs. Mais je risque encore de m'attarder. Pour conclure, je suis très fier d'avoir été l'un des parrains du journal *Pilote*, et d'être titulaire de la médaille d'honneur du journal *Spirou*. Ça, ce sont de vraies récompenses. En relisant ces lignes, ça me semble tomber sous le sens de dédier ce chapitre à Zorglub (et au génie de Franquin), l'inventeur de la terrible zorglonde[2].

2. La zorglonde est une onde qui permet de supprimer la volonté chez la personne exposée à cette terrible arme. Devenus comme des zombies, ces individus servent à Zorglub pour créer sa propre armée de soldats qu'il nomme les Zorglhommes. Pour en savoir plus, consultez les albums *Z comme Zorglub*, *L'Ombre du Z*, *Panade à Champignac*, etc.

Discographie

Albums

Avec Les Chaussettes noires :

1960 : *Les 5 rocks* (premier enregistrement du groupe paru en 1996)

1961 : *100 % rock*

1961 : *Rock'n' Twist*

1962 : *Le 2 000 000e disque des Chaussettes noires*

1963 : *Chaussettes noires Party*

En solo :

1963 : *Voici Eddy… c'était le soldat Mitchell*

1963 : *Eddy in London*

1964 : *Panorama*

1964 : *Toute la ville en parle… Eddy est formidable*

1965 : *Du rock'n'roll au rhythm'n'blues*

1966 : *Perspective 66*

1966 : *Seul*

1967 : *De Londres à Memphis*

1968 : *Sept colts pour Schmoll*

1969 : *Mitchellville*

1971 : *Rock'n'roll*

1972 : *Zig-zag*

1972 : *Dieu bénisse le rock'n'roll*

1974 : *Ketchup électrique*
1974 : *Rocking in Nashville*
1975 : *Made in USA*
1976 : *Sur la route de Memphis*
1977 : *La Dernière Séance*
1978 : *Après minuit*
1979 : *C'est bien fait*
1980 : *Happy Birthday*
1982 : *Le Cimetière des éléphants*
1984 : *Fan Album*
1984 : *Racines*
1986 : *Eddy Paris Mitchell*
1987 : *Mitchell*
1989 : *Ici Londres*
1993 : *Rio Grande*
1996 : *Mr Eddy*
1999 : *Les Nouvelles Aventures d'Eddy Mitchell*
2003 : *Frenchy*
2006 : *Jambalaya*
2009 : *Grand écran*
2010 : *Come back*
2013 : *Héros*
2015 : *Big Band*
2017 : *La Même Tribu*, volume 1
2018 : *La Même Tribu*, volume 2

Albums « Live » :

1969 : *Olympia 69*
1975 : *Rocking in Olympia 1975*
1978 : *Palais des sports 77*
1981 : *20 ans : Eddy Mitchell Olympia*
1984 : *Palais des sports 84*
1991 : *Casino de Paris 90*
1994 : *Retrouvons notre héros Eddy Mitchell à Bercy*
1995 : *Big Band au Casino de Paris*
1995 : *Country-Rock à l'Olympia*
1995 : *Show 94 au Zénith*
1997 : *Mr Eddy à Bercy 97*
2001 : *Live 2000*
2004 : *Frenchy Tour*
2007 : *Jambalaya Tour*
2011 : *Ma dernière séance*
2016 : *Big Band Palais des sports 2016*
2019 : *Les Vieilles Canailles*

Filmographie

Cinéma

1962 : *Les Parisiennes*, de Jacques Poitrenaud
1962 : *Une grosse tête* de Claude de Givray
1963 : *Comment réussir en amour* de Michel Boisrond
1963 : *Juke-box 65 (Just for fun)* de Gordon Flemyng
1963 : *Cherchez l'idole* de Michel Boisrond
1980 : *Girls* de Just Jaeckin
1980 : *Je vais craquer* de François Leterrier
1981 : *Coup de torchon* de Bertrand Tavernier
1983 : *Attention, une femme peut en cacher une autre !* de Georges Lautner
1984 : *À mort l'arbitre !* de Jean-Pierre Mocky
1984 : *Ronde de nuit* de Jean-Claude Missiaen
1984 : *Frankenstein 90* d'Alain Jessua
1986 : *La Galette du roi* de Jean-Michel Ribes
1986 : *I Love You* de Marco Ferreri
1986 : *Autour de minuit* de Bertrand Tavernier
1989 : *Un père et passe* de Sébastien Grall
1990 : *Promotion canapé* de Didier Kaminka
1991 : *Jusqu'au bout du monde (Bis ans Ende der Welt)* de Wim Wenders
1991 : *La Totale !* de Claude Zidi
1992 : *Ville à vendre* de Jean-Pierre Mocky
1994 : *La Cité de la peur*, alias *Le Film de Les Nuls* d'Alain Berbérian

1995 : *Le bonheur est dans le pré* d'Étienne Chatiliez
1998 : *Cuisine américaine* de Jean-Yves Pitoun
2001 : *Tanguy* d'Étienne Chatiliez
2003 : *Lovely Rita, sainte patronne des cas désespérés* de Stéphane Clavier
2003 : *Les Clefs de bagnole* de Laurent Baffie
2006 : *Un printemps à Paris* de Jacques Bral
2007 : *Big City* de Djamel Bensalah
2009 : *Bambou* de Didier Bourdon
2011 : *Au bistro du coin* de Charles Nemes
2012 : *L'Oncle Charles* d'Étienne Chatiliez
2012 : *Populaire* de Régis Roinsard
2013 : *Les Petits Princes* de Vianney Lebasque
2013 : *Grand Départ* de Nicolas Mercier
2013 : *Salaud, on t'aime* de Claude Lelouch
2018 : *Les Vieux Fourneaux* de Christophe Duthuron

Télévision

1969 : *L'homme qui venait du Cher* de Pierre Desfons (téléfilm et western musical)
1981 : Gaston Lapouge de Franck Appréderis (téléfilm)
2000 : *Kitchendales* de Chantal Lauby (vidéo)
2005 : *La Tête haute* de Gérard Jourd'hui (téléfilm)
2007 : *Chez Maupassant* de Laurent Heynemann (série télévisée)
2009 : *Contes et nouvelles du XIXe siècle* de Philippe Monnier (série télévisée)

2011 : *Le Grand Restaurant II* de Gérard Pullicino (téléfilm)

2013 : *La Grande Peinture* de Laurent Heynemann (téléfilm)

2015 : *Scènes de ménage* (en guest, série télévisée)

DOUBLAGE

1992 : *Rock-o-rico* (dessin animé) de Don Bluth et Dan Kuenster – *Chantecler* (VF)

2005 : *Pollux, Le Manège enchanté* de Jean Duval, Dave Borthwick, Frank Passingham (animation) – *Flappy* (VF)

2016 : *Le Livre de la Jungle* de Jon Favreau – *Le Roi Louie* (VF)

Table des matières

Table des matières

Dans la même collection Le dictionnaire de ma vie

Claude Lelouch, 2016
Michael Lonsdale, 2016
Patrice Leconte, 2017
Michel Leeb, 2017
Louis Chedid, 2018
Éric Dupond-Moretti, 2018
Gérard Jugnot, 2018
Gérard Darmon, 2019
Élie Chouraqui, 2019
Thierry Marx, 2019

Photocomposition : NORD COMPO

Achevé d'imprimer en octobre 2020
par CPI BRODARD & TAUPIN (72200 La Flèche)
pour le compte des éditions KERO
21, rue du Montparnasse 75006 Paris

PAPIER À BASE DE
FIBRES CERTIFIÉES

KERO s'engage pour
l'environnement en réduisant
l'empreinte carbone de ses livres.
Celle de cet exemplaire est de :
700 g éq. CO_2
Rendez-vous sur
www.kero-durable.fr

N° d'éditeur : 597740/03
N° d'imprimeur : 3041117
Dépôt légal : octobre 2020
Imprimé en France